T0098914

# QU'EST-CE QU'UNE
# DÉCISION POLITIQUE ?

# COMITÉ ÉDITORIAL

**CHEMINS PHILOSOPHIQUES**

Collection dirigée par Roger POUIVET

**B. BERNARDI**

# QU'EST-CE QU'UNE DÉCISION POLITIQUE ?

Paris
LIBRAIRIE PHILOSOPHIQUE J. VRIN
6, place de la Sorbonne, V$^e$
2003

Carl Schmitt, *Théorie de la constitution*, chapitre VIII, p. 211-223,
traduction Lilyane Deroche,
© Paris, P.U.F., 1993

© *Librairie Philosophique J. VRIN*, 2003
*Imprimé en France*
ISBN 2-7116-1640-1

# LA DÉCISION POLITIQUE

D'UNE FRAGILITÉ CONCEPTUELLE ET DE SON USAGE

Que la politique soit par excellence le lieu de la décision, cela paraît évident : le pouvoir politique, de quelque manière qu'on le considère, ne consiste-t-il pas précisément en un pouvoir de décider ? N'est-ce pas dans l'incapacité à décider ou l'incapacité à rendre ses décisions effectives, l'indécision et l'impuissance, qu'il se défait ?

*Qui décide ? Comment les décisions sont-elles prises ? Pour qui décide-t-on ? À quelles fins ? Qu'est-ce qui donne à la décision son effectivité ? Qu'est-ce qui peut rendre une décision légitime ?* On serait tenté de voir là les questions essentielles et récurrentes qui constituent le champ de la philosophie politique.

Mais précisément, sous cette évidence, derrière la permanence apparente de ces questions, ne convient-il pas de mettre à nu un cercle ? Si la politique en effet se donne comme sphère de la décision, la notion même de décision n'est-elle pas dans son fond politique ? Sitôt qu'il est question d'une décision politique et d'un pouvoir de décider, décider ne saurait seulement dire vouloir. Ainsi, chacune des questions que l'on vient de soulever implique-t-elle qu'une volonté commande à d'autres volontés, et s'en fait obéir. C'est alors un rapport politique qui est constitutif de la décision. Que la politique soit sous-jacente à la notion commune de décision, le vocabulaire ordinaire (de « l'empire sur soi » de la langue classique à « l'indépendance » du langage contemporain) le suggère nettement[1]. La notion de décision politique comporte ainsi une sorte de circularité : la décision est supposée désigner l'essence de la politique et la politique constituer le paradigme de la décision. Comme lestée du côté de la positivité par la référence implicite à la puissance qu'elle enveloppe, la décision politique est donc marquée dans l'ordre conceptuel d'une sorte de fragilité de constitution.

Aussi bien, se donner pour objet la notion de décision politique peut sembler requérir un double préalable : en toute rigueur ne conviendrait-il pas de définir ce qu'est une décision et de déterminer ce que l'on met sous la catégorie de politique, pour ensuite caractériser ce qu'est spécifiquement une décision politique ? Cette observation de bon sens soulève pourtant plusieurs difficultés : les envisager nous aidera à préparer l'analyse que ces pages voudraient conduire. Supposons en effet que, pour définir la décision politique, il faille déterminer la notion de décision par celle de politique et que la question ainsi formée soit : *à quelles conditions une décision est-elle politique ?* Loin d'être univoque cette question peut porter deux interprétations profondément différentes.

On pourra pour commencer entendre par là qu'une décision politique est une décision dont l'objet est politique, une décision prise dans le domaine politique. La notion de décision est alors comprise en un sens très large (la décision politique ressortit d'une notion générale de la décision); c'est du côté de son objet qu'elle trouve sa délimitation[2]. On la distinguera donc des

1. Le vocabulaire philosophique aussi : concevoir une volonté autonome comme celle qui se donne sa propre loi, n'est-ce pas définir un rapport politique à soi ? Sur les modèles politiques du gouvernement de soi, voir M. Foucault, *Le souci de soi*, Paris, Gallimard, 1984, p. 100 *sq.* ; et M. Senellart, *Les arts de gouverner*, Paris, Seuil, 1995.

2. Déterminante sera alors la distinction de ce qui est politique de ce qui ne l'est pas : le concept de la décision politique variera en fonction de l'extension donnée au domaine du politique. Pour Aristote, la politique enveloppe l'ensemble des « choses humaines » : c'est pourquoi elle est « science architectonique » (cf. *Éthique à Nicomaque*, I, 1, 1094a25, trad. J. Tricot, Paris, Vrin, p. 34). Locke au contraire cherche à circonscrire soigneusement le domaine de la décision politique en délimitant la *mission* du gouvernement civil. Le libéralisme politique,

décisions qui pourraient avoir d'autres objets, concerner d'autres domaines. On parlera, par exemple, de décisions économiques ou juridiques, peut-être morales, voire techniques. Il y aura alors, en droit, une théorie générale de la décision, comme théorie de la décision en général, et des applications de cette théorie de la décision à divers domaines, dont la politique. Une telle perspective a bien une consistance : il existe une théorie générale de la décision, d'abord élaborée dans l'horizon de la science économique, formalisée de façon logicomathématique et mise en œuvre dans le cadre de grandes pensées politiques contemporaines[1]. De leurs présupposés théoriques et de leur origine historique, fortement ancrés dans le sol des théories économiques dont elles procèdent, ces pensées tiennent trois caractères essentiels : elles pensent les décisions collectives comme coalescences de décisions individuelles, elles sont construites sur le paradigme du choix et postulent l'équivalence des notions de choix et de décision, elles pensent le choix décisionnel comme procédure de hiérarchisation rationnelle de préférences. Elles se définissent donc elles-mêmes comme théories du choix rationnel. On retrouverait ces caractères dans les théories morales corollaires. Partir de la décision conduira donc à penser la décision politique comme dérivée de décisions individuelles.

de façon plus large, consiste en bonne part à restreindre le domaine du politique et à rappeler que « le politique n'a pas à décider de tout ».

1. L'utilitarisme (Bentham, Mill et leurs successeurs) constitue le sol historique de cette problématique. Pareto (*Manuel d'économie politique*, 1907), en se centrant sur la question des ordres de préférences a opéré un tournant majeur. Mais la *théorie du choix social* s'est surtout développée dans la seconde moitié du XXᵉ siècle. Pour une première approche, voir Kenneth J. Arrow, *Choix collectifs et préférences individuelles*, New York, 1951, Tradecom, Paris, Calman-Lévy, 1974; et Hamarya K. Sen, *Collective Choice and Social Welfare*, San Francisco, 1970. L'œuvre de John Rawls, à bien des égards, s'inscrit dans cet horizon de pensée. Les tentatives pour formaliser les procédures de vote ont ouvert un horizon de recherche dont les présupposés conceptuels sont, au moins formellement, voisins. Cette piste part des essais de Borda (*Mémoire sur les élections au scrutin*, 1770) et de Condorcet (*Essai sur l'application de l'analyse à la probabilité des décisions rendues à la pluralité des voix*, 1785). La rencontre de ces courants caractérise un versant de la recherche contemporaine en philosophie politique : Emmanuel Picavet, *Choix rationnel et vie publique*, Paris, P.U.F., 1996.

Mais c'est d'une toute autre manière que l'on peut envisager la relation de la politique à la décision : dire d'une décision qu'elle est politique peut tout aussi bien signifier que la décision elle-même est de nature politique. Ce n'est plus alors l'objet de la décision qui est politique mais la décision politique qui, pourrait-on dire, politise son objet. Ce n'est plus la préférence qui fait la décision, mais la capacité à faire valoir cette préférence[1]. Politique sera alors cette décision qui a valeur exécutoire : par là il faut entendre qu'elle est une volonté qui vaut pour d'autres volontés et de ce fait est effective. Ces deux éléments sont indissociables : c'est son pouvoir de déterminer d'autres volontés à lui obéir qui fait de la volonté politique une décision ; c'est de l'obéissance qu'elle tire son effectivité. C'est ce que symbolise fortement l'expression latine, *Caesar pontem facit*, qui signifie non que César, devenu pontonnier, fait un pont, mais qu'il le fait faire. Le pouvoir de commander qui est le sien fait de sa volonté une décision et de celle-ci une réalité. La volonté qui commande, la volonté décisive, c'est la volonté souveraine, comme volonté supérieure, celle qui l'emporte. Cette thèse, diversement modulée, joue un rôle majeur dans la philosophie politique moderne[2]. Elle n'implique pas nécessairement un rapport de dominant à dominé : le concept de la démocratie au contraire implique l'identité de celui qui décide et de celui pour qui vaut la décision.

1. Dans ce cas aussi tout peut être objet d'une décision politique (C. Schmitt, *La notion de politique*, trad. M.-L. Steinhauser, Paris, Flammarion, 1972, p. 59-61). Mais cette extension du domaine du politique obéit à une perspective bien différente de celle d'Aristote. Il y a deux acceptions distinctes du « tout est politique ». Une bonne illustration pourrait en être la différence des pensées de Marx, plus aristotélicienne, et de Lénine, plus « schmittienne ». Le propos de Rousseau selon lequel « tout tient à la politique » est l'articulation complexe de ces deux principes et des concepts de société civile et de souveraineté qui sont leurs corollaires : la « dénaturation » qu'opère le passage à l'état civil est une variante de la position aristotélicienne, la formation de la volonté générale introduit à la seconde logique, « décisionniste ».

2. Cette conception a historiquement pris la forme du principe de souveraineté. Ce lien est-il nécessaire ? Peut-on parler d'un épuisement de ce principe ? Ces questions sont aujourd'hui essentielles : G. Mairet, *Le Principe de souveraineté*, Paris, Gallimard, 1997 ; *Penser la souveraineté*, sous la direction de G.-M. Cazzaniga et Y.-C. Zarka, Pise-Paris, Edizioni ETS-Vrin, 2001.

Elle ne relève pas forcément de la dépendance personnelle : la décision peut être collective et prendre le caractère de la loi. Elle n'en reste pas moins, dans son concept même, commandement. Partir de la politique conduira donc à penser la décision non en termes de choix rationnel préférentiel mais de volonté en mesure de commander à d'autres volontés.

La décision politique peut donc être abordée sous l'angle du pouvoir de décider ou de la procédure de décision, du commandement ou de la délibération. On voit que s'engager dans l'une ou l'autre de ces voies, penser la décision comme choix ou comme commandement, reviendrait à postuler des thèses fortes et bien distinctes quant à la nature de la décision et plus encore à celle de la politique. Envisager la décision comme choix c'est induire une conception de la décision politique comme résultat d'une procédure partant de volontés individuelles. L'espace politique sera alors un espace de délibération. Définir la décision comme commandement c'est concevoir le pouvoir politique comme pouvoir pour une volonté d'obliger d'autres volontés. C'est alors la volonté qui est première (avec la relation d'obligation qu'elle produit) et structurante de l'espace politique qu'elle constitue[1].

Rien *a priori* n'interdit, ni ne garantit, que ces deux voies puissent se conjuguer. On pourrait dire que, dans son acception courante, la notion moderne de démocratie (particulièrement la démocratie parlementaire) repose sur un concept de la décision comme volonté (c'est la souveraineté du peuple) et se met en œuvre comme procédure de choix rationnel préférentiel (c'est le modèle du débat démocratique). Mais cette conjugaison, à supposer qu'on puisse lui reconnaître une consistance[2], implique

1. On pourrait rendre compte de la modernité politique, depuis le XVIIe siècle, comme alternant opposition et tentatives de conciliation de ces deux lignes. L'Allemagne de la période de Weimar a condensé cet affrontement, que l'on a vu à l'œuvre à l'échelle mondiale tout au long du vingtième siècle. Il revient à Carl Schmitt et Jürgen Habermas, d'en avoir donné des élaborations théoriques aigües.
2. Parce qu'elle le conteste la pensée de Schmitt porte une charge critique radicale : *Parlementarisme et démocratie* (1923), trad. J.-L. Schlegel, Paris, Seuil, 1988.

la polarisation de la notion de décision : comme choix rationnel et comme volonté souveraine. On peut également remarquer qu'elle est suspendue à une notion équivoque de la volonté et à une distinction de l'entendement et de la volonté dont il y a lieu d'interroger les présupposés et la pertinence politique. C'est à faire travailler ce que nous avons appelé la *fragilité conceptuelle* de la notion de décision politique, non à la colmater que nous allons nous essayer.

Se trouve ainsi configuré un système de double contrainte auquel cet essai entend délibérément se soumettre. Au lieu de traiter la décision politique comme décision appliquée à la politique et d'inscrire l'analyse dans le contexte présupposé d'une théorie générale de la décision, on tentera de cerner ce que pourrait être un concept proprement politique de la décision. Mais il ne saurait pour autant être question de présupposer une définition du politique comme pouvoir de commander, qui porterait en elle un concept volontariste de la décision. C'est au contraire en analysant la notion de décision politique que l'on s'essaiera à mettre en question cette polarisation. Peut-être trouvera-t-on là un biais pour remettre au travail aussi bien la notion de décision que celle de politique.

Ce choix méthodologique, n'hésitons pas à le marquer d'emblée, recouvre des enjeux majeurs pour la philosophie politique : peut-on penser la décision politique comme processus de délibération sans la dériver du choix préférentiel des individus ?, peut-on penser une rationalité proprement politique de la décision ? Telles sont les voies qu'on voudrait explorer.

Une telle tentative, parce qu'insolite, exigera des détours surprenants.

## VOULOIR ET COMMANDER

### Sous la décision, le commandement

Le système de double contrainte que nous venons de nous donner semble de prime abord conduire à une aporie insurmontable : comment engager une enquête sur ce qu'est une décision politique sans mettre en œuvre, fût-ce de façon implicite, une conception quelconque de la décision et de la politique ?

L'expédient de recours, puisque (dans un premier temps du moins) il ne peut que paraître tel, sera de nous donner pour objet une définition de la décision politique qui, sous une certaine modalité, cumule les présupposés dont nous voulons nous déprendre. Une formule célèbre pour avoir symbolisé l'absolutisme nous en fournira l'énoncé, prétexte de ce premier moment de notre réflexion : « Si veult le roi, si veult la loi »[1]. Ce n'est pas la figure historique de l'absolutisme qui nous importe ici mais le concept de la décision politique qui est porté par cet énoncé. Aussi bien c'est une procédure de dé-contextualisation que nous mettrons d'abord en œuvre. Ainsi conviendrons-nous de ne rien mettre d'autre sous le vocable de *roi* que le support fonctionnel de la volonté dont il est question dans le premier membre de la phrase, qui pourrait tout aussi bien s'écrire alors « si veut x, si veut la loi »[2]. De même, provisoirement, n'attacherons-nous aucun autre contenu à l'idée de *loi* que ce seul fait de valoir pour d'autres volontés. Il nous est dès lors possible de mettre en évidence la relation bien particulière que la structure de l'énonciation recèle. La syntaxe de l'ancien français a en effet cette particularité (c'est pour nous, ici, son intérêt premier) non seulement d'autoriser mais de requérir deux constructions superposées. La première indique une identité : ainsi veut le *roi*, ainsi veut la *loi*. Autrement dit : ce que le *roi* veut, la *loi* le veut aussi. C'est alors au contenu de la volonté que l'attention est portée. La *loi* ne saurait vouloir autre chose que ce que veut le *roi*. Mais une

1. Une autre formulation de cet adage porte « Que veult le roi ce veult la loi », qui vient directement d'Ulpien (*Digeste*, 1,4, 1) : « Quod principi placuit legis habet vigorem », littéralement : « Ce que le prince a trouvé bon a force de loi ».

2. Ce faisant, nous ne ferons que suivre le geste de Hobbes pour qui la théorie du souverain s'applique indifféremment à une personne ou une assemblée souveraines, ou celui de Rousseau, dans le cadre de sa propre théorie, appelant *Prince* tout *gouvernement*. On a pu affirmer que le passage de la conception absolutiste à la conception soi-disant « démocratique » moderne n'affectait que la variable : le roi dans un cas, le peuple dans l'autre. Le concept de la souveraineté resterait inchangé. Voir, par exemple, A. Negri, *Le pouvoir constituant*, Paris, P.U.F., 1994, p. 18-36.

deuxième construction est supportée par ce même énoncé, qui met l'accent sur le fait même du vouloir et sur son effet : si le *roi* veut, alors la *loi* veut. C'est une consécution qui est alors désignée. Le propre de la volonté *royale* est de déterminer par son vouloir ce que veut la loi.

Se trouvent ainsi impliqués deux concepts de la décision. Dans le premier cas en effet, où l'on considère ce que le *roi* veut, c'est le contenu de cette volonté qui constituera une décision. La volonté du *roi*, c'est la décision qu'il a prise. Décider, c'est vouloir. Et parce que cette décision est celle d'un *roi*, elle est une *loi*, c'est-à-dire, comme nous en sommes convenus, qu'elle vaut pour d'autres volontés. On analyse ainsi la décision politique en deux moments : celui de la prise de décision qui détermine son contenu, celui de la signification de la décision à ceux qu'elle oblige. Est roi celui qui, de la décision qu'il a prise, fait un commandement. Dans le second cas, la volonté du *roi* entraîne comme son effet celle de la *loi* : que le *roi* veuille fait que sa volonté vaut, comme *loi,* pour d'autres volontés : elle détermine leur vouloir. Le caractère décisoire de la volonté du *roi* consiste en son pouvoir déterminant pour d'autres volontés. Décider, c'est commander. L'énoncé dont nous sommes partis porte ces deux concepts de la décision. Dire que le *roi* décide, c'est simultanément dire qu'il *prend* une décision, au sens où sa volonté se détermine, et qu'il *intime* une décision, au sens où sa volonté se pose comme valant pour d'autres volontés. Or, ces deux notions de la décision ne sont pas ici données comme distinctes, ni même comme conjuguées, elles sont données comme une. Il faut donc nous demander comment elles s'ordonnent l'une à l'autre et dans quelle mesure elles s'impliquent réciproquement.

Il convient de noter, pour engager cet examen, que l'énoncé que nous nous sommes donnés pour point de départ renferme (plus implicitement que les précédents mais de façon aussi essentielle) un troisième caractère de la décision politique : elle est exécutoire. En un sens, c'est ce qu'enveloppe le concept commun de décision : par la décision, la volonté se distingue du simple souhait (je désirerais maigrir, je décide de faire un régime).

La décision implique son exécution ou tout du moins une tentative pour l'exécuter. Mais la modalité d'exécution de la décision politique est bien particulière : elle passe par la médiation d'autres volontés qui obéissent (ou consentent, une fois encore nous renoncerons provisoirement à une distinction par ailleurs nécessaire). C'est l'obéissance des volontés auxquelles elle commande qui constitue l'exécution de la décision politique. C'est donc d'elle que dépend son statut même de décision. De là le spectacle dérisoire du pouvoir politique devenu incapable de se faire obéir. Plus même : dépouillée de ce qui lui confère le caractère de décision, la volonté perd aussi son caractère politique. Celui qui commande en vain n'est plus un roi mais un simple particulier et ses commandements sont de piètres incantations.

L'adage « Si veult le roi, si veult la loi » constitue donc un concept complet de la décision politique : elle est cette détermination d'une volonté qui vaut commandement pour d'autres volontés et se rend effective par l'obéissance qu'elle obtient d'elles. Mais il est manifeste que les trois caractères de la décision politique que nous avons dégagés sont dans un rapport de dépendance strict, du dernier au premier : que la décision politique ne soit pas suivie d'effet la priverait à la fois de son caractère de décision et de son caractère politique. En l'absence de la conformation des volontés auxquelles elle entend commander, la volonté exprimée perd son caractère exécutoire et n'est tout au plus qu'une exhortation : le roi d'Angleterre devient un harangueur de Hyde Park[1]. De ce fait elle perd aussi son caractère politique et, destituant le roi du statut que lui confère sa fonction, le ramène à la condition de personne privée : le roi Lear, ridicule et

---

1. Rousseau montre ironiquement que la décision politique dépend de son exécution : « Quand Nunez Balboa prenait sur le rivage possession de la mer du sud et de toute l'Amérique méridionale au nom de la couronne de Castille, était-ce assez pour en déposséder tous les habitants et en exclure tous les Princes du monde ? Sur ce pied-là ces cérémonies se multipliaient assez vainement, et le Roi catholique n'avait tout d'un coup qu'à prendre de son cabinet possession de tout l'univers ; sauf à retrancher ensuite de son empire ce qui était auparavant possédé par les autres Princes », *Du Contrat social*, I, 9, introduction et annotation B. Bernardi, Paris, GF-Flammarion, 2001, p. 62-63.

pathétique, promet la moitié du royaume qu'il a perdu en totalité
en échange d'un cheval.

Est ainsi mis en évidence un trait distinctif de la décision
politique : non seulement elle implique, comme toute décision, le
mouvement par lequel la volonté va vers son exécution mais elle
requiert son effectivité. En d'autres termes, son caractère politique est indissociable du pouvoir de la rendre effective par
l'obéissance de ceux à qui elle commande. Mais on ne peut en
rester là. La décision politique n'est pas seulement caractérisée
par un lien plus fort, nécessaire même, entre volonté et exécution, elle implique un renversement complet de la relation
entre pouvoir et volonté. Elle se définira non comme volonté qui
a le pouvoir de se faire obéir mais comme pouvoir de se faire
obéir qui s'exprime comme volonté.

Une telle analyse sous-tend le propos de Hobbes, au chapitre xiv du *De Cive*[1] et lui fait définir la loi comme commandement :

> La distinction entre le conseil et la loi doit être prise de la diffé-
> rence qu'il y a entre un conseil, et un commandement. Or le
> *conseil* est une espèce d'ordonnance à laquelle toute la raison
> pourquoi nous obéissons se tire de la chose même qui est
> ordonnée. Là où le *commandement* est une ordonnance à laquelle
> toute la raison d'obéir se tire de la volonté de celui qui commande.
> Car, à proprement parler, on ne dit point « je le veux et je l'or-
> donne ainsi », si on n'ajoute ensuite, « tel est notre plaisir »[2].
> Puis donc que l'on n'obéit pas aux lois à cause de la chose qui est
> commandée, mais en considération de la volonté du législateur, la
> loi n'est pas un conseil mais un édit ou une ordonnance ; et je la
> définis de cette sorte. *La loi est une ordonnance de cette personne
> (soit d'un seul homme qui gouverne, ou d'une cour) dont le
> commandement tient lieu de raison suffisante pour y obéir.*

La définition de la loi ainsi formée, c'est ce qui apparaît au
premier plan, la réduit au commandement : ce n'est pas à ce que

---

1. Cité ici dans la traduction classique de Samuel Sorbière, *Le citoyen ou les
fondements de la politique*, Paris, GF-Flammarion, 1992, p. 242.
2. Ce « plaisir » ne connote aucune irrationalité, il renvoie au *placere* de la
citation d'Ulpien et signifie que l'on estime une chose bonne.

veut celui qui décide que l'on obéit mais à son pouvoir de décider. Le pouvoir de commander, l'*imperium*, qui avait chez les latins un sens proprement militaire, prend alors un sens élargi et civil et constitue le fondement de la décision politique. Mais la définition finale de Hobbes ne recèle-t-elle pas une toute autre dimension en qualifiant ce commandement de *raison suffisante* de l'obéissance?

### Le paradoxe de l'obéissance

Définir ainsi la loi comme commandement revient-il en effet à vider de contenu la notion même de loi et à faire de la décision politique une pure manifestation de puissance? C'est ce que n'impliquent ni l'adage que nous avons choisi comme point d'appui ni la pensée politique de Hobbes au filtre de laquelle nous l'avons expliqué[1].

Dire que la décision politique est une loi, c'est dire qu'elle vaut pour *d'autres volontés*. Cette pluralité implique une totalité, non une collection de volontés : pour une cité, un corps politique, un État, un peuple (suivant le paradigme dans lequel on s'inscrit), la loi vaut commandement[2]. Elle implique par là aussi une généralité : ce n'est pas de l'individu dans sa particularité mais du membre du tout ainsi déterminé que l'obéissance est requise.

En ce lieu précisément, la décision politique se noue à la loi. Aristote, au livre IV des *Politiques*[3], en fait un critère de distinction des « constitutions droites » et des « constitutions déviées », lesquelles en fin de compte sont toutes des tyrannies et par là même non politiques au sens strict : là où ce n'est pas la loi qui commande, il n'y a pas obéissance mais contrainte, pas de pouvoir institué mais la pure effectivité d'une puissance. Sur ce même principe Rousseau thématise la distinction de la loi et du

---

1. Jean Bodin, *Les six livres de la République* (1583) (éd. complète, Paris, Fayard, 1986 ; éd. partielle par G. Mairet, Paris, Livre de Poche, 1993) aurait pu rendre les mêmes services. Sa conception de la loi est proche de celle de Hobbes.

2. C'est bien d'implication et non de présupposition qu'il s'agit pour Hobbes : c'est l'autorité qui fait d'une pluralité une totalité, de la *multitudo* un *populus*.

3. Trad. Pierre Pellegrin, Paris, GF-Flammarion, 1993.

décret et la nécessaire généralité de la première[1] ; et John Rawls met en évidence la dimension de la légalité, comme lien indéfectible du politique et du juridique[2].

Plus important est sans doute de remarquer que la forme de la loi n'est pas une dimension supplémentaire qui viendrait déterminer la décision politique, voire (comme on le dit souvent dans le cadre des réflexions contemporaines sur *l'état de droit*) son contrepoids : elle lui est proprement inhérente. La décision politique s'effectue comme loi. C'est encore en suivant Hobbes qu'il est le plus intéressant de mettre en évidence ce trait. Contrairement à Rousseau, par exemple, il ne pose pas que la loi interdit toute « acception de personne », il affirme au contraire qu'une loi peut être un commandement adressé à des « individus particuliers »[3]. Encore moins fait-il de la loi une « déclaration de la volonté générale ». À ses yeux pourtant, la mise en œuvre du pouvoir de commander qu'est la décision politique prend nécessairement la forme de la loi. Car la décision est commandement, moins parce qu'elle est expression d'une volonté que parce qu'elle s'adresse à des volontés. Deux traits, pour Hobbes, caractérisent en effet la décision politique comme loi : la constitution en législateur autorisé de celui qui commande et la promulgation de la loi elle-même[4].

Dire que celui qui prend une décision politique, qui donc fait une loi, est législateur, ne constitue en aucune façon une tautologie. C'est l'obéissance, on l'a vu, qui donne son effectivité à la décision politique. Or cette obéissance n'est pas simple soumission à la contrainte. Elle engage un accord des volontés qui s'y conforment : c'est un *consentement*. Et cet accord ne porte pas sur l'objet du commandement (sans quoi on ne parlerait plus d'obéissance d'une volonté à une autre mais de conformité de deux pensées) mais sur la reconnaissance du pouvoir de commander de celui qui a pris la décision. Cette reconnaissance est

---

1. *Du contrat social*, II, 6, *op. cit.*
2. *Théorie de la Justice*, trad. C. Audiard, Paris, Seuil, 1987, p. 274.
3. *Léviathan*, chap. XXVI, trad. F. Tricaud, Paris, Sirey, 1983, p. 282.
4. *De Cive*, chap. XIV, *op. cit.*, p. 248-249.

dans la terminologie de Hobbes une *autorisation*, autrement dit la reconnaissance d'une autorité. Elle est au moins implicite dans le seul fait d'attendre d'autrui qu'il se conforme aux lois : ce n'est pas sur la reconnaissance par autrui du bien-fondé de la loi que l'on compte, mais sur celle de son autorité. L'obéissance n'est pas le signe de l'autorité, elle en est la substance même. Ce n'est pas tant le législateur qui fait la loi que la loi le législateur.

Le second caractère distinctif de la loi est sa promulgation. Par là il ne faut pas entendre nécessairement une procédure juridique réglée et écrite (il y a pour Hobbes des lois non écrites) mais simplement ce fait que la volonté qui porte décision soit l'objet d'une déclaration. Cela, une fois encore, découle directement du caractère de commandement de la loi, puisque le commandement est la déclaration par laquelle une volonté requiert obéissance d'une autre volonté. Par cette déclaration – c'est ce qui fait la promulgation – la loi signifie à la fois quel est l'objet du commandement et qu'elle est fondée à commander (ou, si l'on veut, que celui qui l'édicte est fondé à faire loi). La promulgation est précisément ce qui donne à la déclaration d'une volonté le statut de décision.

Il est patent que ces deux caractères de la loi renvoient l'un et l'autre au fait que l'obéissance consentie de ceux à qui elle commande est constitutive de la décision politique. La décision politique est ce commandement auquel on consent d'obéir parce que l'on reconnaît à la volonté dont elle émane le pouvoir de commander. Se trouve ainsi proprement prise à rebours la réduction au commandement que nous avions pu dans un premier moment envisager. C'est le consentement qui donne son effectivité au commandement.

Sous le commandement, le consentement, tel semble bien être le paradoxe de la décision politique. Ce résultat est d'autant plus remarquable qu'il procède d'une définition de la loi au premier abord bien éloignée de son acception commune, « démocratique »[1].

1. Ce par quoi, au demeurant, on voit combien la lecture standard de Hobbes prend des libertés avec ce qu'est effectivement sa pensée.

*Décision et volonté*

Le renversement du premier moment de notre analyse doit aller plus loin encore : à travers la notion de promulgation, plus précisément en définissant la loi comme déclaration d'une décision politique, nous avons désigné une dimension qu'il convient d'envisager plus précisément.

Décider, c'est déclarer sa volonté : cet énoncé serait sans doute tenable dans sa généralité. Mais nous nous sommes donnés comme principe de ne pas partir d'une notion générale de la décision. Aussi bien ce qui nous importe, c'est de savoir en quel sens la décision politique est une déclaration. Et de fait, c'est une modalité bien particulière de la déclaration qui est en jeu ici. C'est une déclaration qui ne porte pas sur l'état effectif du monde extérieur : il ne s'agit pas de dire ce qu'il en est de la réalité, comme dans une déclaration de vol. Ni sur un devoir être : la recommandation, le commandement moral même ne sont pas des décisions. Ni sur l'état du monde intérieur de celui qui déclare sa volonté : il n'est pas question dans la décision de ses souhaits, de ses raisons, de ses intentions même. Les motifs ou les mobiles de la décision, quand bien même ils sont énoncés, ne font pas partie de la décision elle-même : ils en sont tout au plus le préambule et peuvent aider à sa compréhension.

La décision politique comme déclaration porte sur le futur : elle dit ce qui sera. Elle ne le fait pas sur le mode de la prédiction ou de la prévision (elle n'a affaire ni au nécessaire ni au probable) mais de la prescription (elle s'énonce de façon performative : il en sera ainsi parce que je dis qu'il en sera ainsi). En ce sens, elle semble fort proche de la puissance du verbe créateur : « Que la lumière soit ! ». Ce rapprochement est d'ailleurs fort ancien : la *summa potestas* du pouvoir politique s'est volontiers appariée à la puissance divine [1]. Mais cette parenté est pour le moins trompeuse. Si la puissance divine se caractérise par son immédiateté (« Et la lumière fut »), le pouvoir politique de décider est tout entier de médiation : il passe pour s'effectuer par la volonté de ceux à qui

---

1. C'est une figure récurrente dans la rhétorique de la souveraineté.

il commande. L'effet qu'il requiert est l'obéissance. C'est l'obéissance qui accomplit la prescription. Le statut de cette médiation est donc bien singulier puisque l'obéissance apparaît simultanément comme effet et condition de la prescription : que la décision soit exécutée et l'obéissance apparaîtra comme effet de l'autorité qui l'a prise, qu'elle soit ignorée et, remettant en question l'autorité, elle apparaîtra comme sa condition.

On objectera que ce peut être aussi le cas de la puissance divine. Lorsqu'il ne s'agit pas de créer mais d'interdire (« Tu ne toucheras pas à l'arbre… »), c'est par la médiation de la volonté humaine que le commandement divin vise à s'effectuer. Il requiert une obéissance. Ce que prouve le fait qu'il puisse être désobéi. Mais précisément, ouvrant l'espace dans lequel cette obéissance peut avoir lieu (ce qu'on nommera alors liberté), le commandement divin ne relève pas de la décision mais du conseil ou plutôt de l'impératif. Il fait de l'autorité un *motif* de l'obéissance, c'est *a contrario* l'obéissance comme *effet* de l'autorité que requiert la décision politique. La désobéissance au commandement divin ne remet en aucune façon en question la puissance ni l'autorité de Dieu. Au contraire la désobéissance généralisée vide de toute consistance l'autorité politique[1]. La désobéissance civile est une action politique puissante[2]. Si le commandement divin et le commandement politique renvoient l'un et l'autre, par l'obéissance qu'ils requièrent, à la liberté de ceux à qui ils s'adressent, c'est de façon bien différente : la désobéissance ou la révolte laissent intacte l'autorité divine mais ruinent l'autorité politique.

---

1. C'est pourquoi la question si importante du droit de résistance ne consiste pas à savoir si l'on peut refuser une décision de l'autorité politique mais si on peut lui désobéir : le pouvoir de décider, non la décision particulière, est l'enjeu. On constate de nouveau que la généralité est essentiellement attachée à la décision politique : individuelle la désobéissance reste une infraction, généralisée elle ruine l'autorité.

2. L'abstention, sa forme à la fois la plus radicale et la plus dégradée, est susceptible (nous le découvrons) de mettre en péril le pouvoir démocratique en le privant de son fondement : le vote est d'abord une *autorisation*. Plus encore que le nombre de ceux qui votent en sa faveur, le nombre des votants fait l'autorité de la loi.

La décision politique, comme commandement, est donc à la fois commandement *à* et commandement *de*. Elle s'énonce d'ailleurs de façon canonique en commençant par la désignation expresse de ceux à qui elle s'adresse et se poursuit par l'énoncé de la décision prise. De ces deux dimensions, cela est clair, la première définit le statut de la seconde et fait de la déclaration de la volonté une décision. Ce point a une importance considérable : il indique le mode sur lequel la décision politique a affaire à la problématique de la volonté.

On serait tenté en effet, se laissant porter par la définition la plus commune de la décision (cet acte par lequel une volonté se détermine), d'analyser la décision politique comme une décision qui deviendrait politique en ce qu'elle se signifierait dans un second temps comme commandement adressé à d'autres volontés. Mais il apparaît ici que la relation est inverse : n'est-ce pas plutôt parce qu'elle s'adresse à autrui en requérant son obéissance volontaire que la décision politique a d'abord affaire à la volonté ? Pour le dire d'une autre manière : le concept de la volonté qui est en œuvre dans celui de décision politique ne renvoie pas d'abord à la forme de la subjectivité dans son rapport à l'objet (je veux une chose) mais bien à une structure d'intersubjectivité (je veux que tu veuilles)[1]. D'une certaine façon, c'est parce qu'elle constitue en face d'elle des volontés dont elle requiert l'obéissance que la décision politique, par un effet de retour, manifeste la décision comme expression d'une volonté. Comme relation et comme acte la décision politique ne présuppose pas la volonté de sujets pré-donnés mais se met en œuvre comme leur co-construction.

Un des effets les plus pervers du pouvoir est à cet égard éloquent. C'est une manifestation commune de la servilité que de devancer les ordres de celui qui détient le pouvoir en anticipant ses prises de décision, sur la vague expression d'un souhait, le

---

1. Cette structure est aussi celle du commandement divin. Mais les figures divine et politique sont très différentes, comme le montre l'autorité parentale, compromis instable entre elles, basculant tantôt d'un côté tantôt de l'autre : fais moi plaisir, obéis !

signe annonciateur d'une intention, l'interprétation d'un geste ou d'une mimique, voire le simple jugement que telle pourrait être sa décision. La servilité va au-devant d'un commandement qui n'a pas été formulé. L'être servile fait de la volonté présumée d'un autre un commandement pour sa propre volonté. C'est sa volonté de consentir qui fait une décision de la volonté présumée de celui à qui il veut complaire. Ce faisant il manifeste clairement que, dans le rapport de commandement, c'est la volonté de celui qui obéit qui est constitutive de celle à laquelle il obéit.

Il apparaît ainsi que les deux concepts de la volonté auxquels la notion de décision politique a affaire (d'un côté elle se définit par son objet, ce qui est décidé, de l'autre par ceux qu'elle oblige) sont dans une relation que l'on pourrait qualifier de contre intuitive : c'est en tant qu'elle requiert l'obéissance de ceux à qui elle se déclare comme décision que la décision politique se manifeste comme expression d'une volonté.

### Que veut le roi ?

L'énoncé qui a servi de point de départ à notre analyse (« Si veult le roi si veult la loi ») est susceptible, nous l'avions noté d'emblée, d'une double lecture : que le roi veuille fait loi ; ce que le roi veut est voulu par la loi. Notre enquête a jusqu'ici porté sur la première acception. Elle nous reconduit d'elle-même à envisager la seconde.

Nous avons en effet été conduits dans un premier temps à penser la décision politique comme commandement, puis à montrer que l'obéissance comme consentement de celui qui obéit est condition de possibilité du pouvoir de commander, enfin à discerner que la structure relationnelle par laquelle la déclaration de la loi s'adresse à des volontés requises d'obéir constitue en face d'elles le commandement comme volonté de celui qui commande. La dualité des concepts de volonté à l'œuvre dans la décision politique, l'ordre lexical dans lequel ils y opèrent : ces derniers résultats de l'analyse demandent une attention accrue. Pour cela, la seconde version de notre adage (« Que veult le roi ce veult la loi ») nous servira de point de départ.

La forme de l'identité revêtue par cet énoncé conduit, c'est ainsi que nous l'avions d'abord comprise, à mettre l'accent sur le contenu de la décision (c'est cela même que veut le roi que la loi porte comme prescription) et, de ce fait même, à concevoir la décision politique comme une opération de translation qui d'une volonté individuelle ferait une volonté publique. La décision politique serait alors une sorte de mutation de la volonté individuelle. Une mutation que nous aurions caractérisée en mettant en évidence que la décision politique se met en œuvre, s'exécute, par l'obéissance qu'elle requiert et obtient de ceux à qui elle se présente comme commandement autorisé. Une telle définition paraît désormais difficilement tenable. Elle ne tient pas compte de ce que nous venons de mettre en évidence : c'est dans son rapport aux volontés auxquelles elle commande que la décision se constitue comme volonté. Considérée sous ce regard, la forme d'identité donnée à l'énoncé, « Que veult le roi ce veult la loi », masque ce qui s'y joue concernant le vouloir. Pour le montrer, donnons-en cette transcription simplifiée :

la volonté du roi = la volonté de la loi.

À première vue, d'une expression à l'autre, seul le terme auquel la volonté est attribuée, le *roi* dans un cas la *loi* dans l'autre, varie[1]. La décision politique serait donc l'opérateur qui permet cette variation faisant d'une volonté personnelle une volonté politique. On dira donc : décider c'est être roi, autrement dit faire loi. Mais, si l'on y regarde de plus près, la signification du terme *volonté* change. Dans le premier cas elle désigne simplement l'objet de la volonté du roi. Par exemple : que tous ses sujets versent un impôt sur leur revenu. Dans le second, elle met en jeu la volonté de ces sujets : la loi commande à tous les sujets de déclarer leurs revenus, et de verser au trésor royal (ou si l'on

---

1. Les termes roi et loi continuent à avoir le sens très large que conventionnellement nous leur avons donné au premier moment de cette analyse. Le roi symbolise cette fonction qu'une assemblée ou un peuple entier peuvent aussi bien assumer.

veut public) telle contribution qui leur est demandée[1]. On devra
donc modifier la définition et dire que la décision politique est
cet opérateur qui transforme la volonté qu'une chose soit en
commandement à des volontés de faire en sorte qu'elle soit. Mais
on ne peut s'arrêter là. Nous avons vu en effet que l'obéissance,
et l'infraction même, consistent à recevoir la loi comme commandement. Il faut donc lire l'identité de droite à gauche : ce que
la loi veut, c'est ce que veut le roi. Autrement dit : en obéissant à
la loi comme à un commandement qui oblige leur volonté, les
sujets reconnaissent pour roi celui dont la loi émane et identifient
la loi comme sa volonté. Que cette seconde lecture précède la
première peut clairement être mis en évidence. S'il en était autrement, rien dans l'énoncé lui-même ne permettrait de donner
un contenu déterminé au terme *roi* dans la première expression :
ce pourrait être un simple particulier, sa volonté en relation
seulement avec son objet ne serait porteuse d'aucune obligation,
et rien ne permettrait de lui conférer le statut de décision. En sens
inverse, l'identification de la loi comme commandement attribue au terme *roi* la signification minimale (celle-là même que
nous lui avons donné par convention) de celui qui commande et
fait de sa volonté une volonté adressée, obligeant ceux à qui elle
se déclare, autrement dit une décision politique.

Se trouve ainsi dégagé un concept de la décision politique à la
structure très particulière : c'est de l'obéissance que l'on remonte
au commandement et du commandement à la volonté. Cette
obéissance n'est elle-même définie ni de façon psychologique
– elle ne relève pas d'un ascendant, ni de façon morale – elle ne
fait pas appel à un jugement sur le bien fondé du devoir, mais

1. Que ce versement soit demandé comme contribution volontaire n'est pas
contredit mais souligné par le fait qu'une saisie puisse, à défaut, y contraindre.
L'infraction est d'abord désobéissance. Le terme même d'*imposition* est à cet
égard tout à fait adéquat : c'est à une volonté que l'on impose. Ce n'est pas une
mesure de pillage. Le vérifient même les emplois fictifs que l'on peut faire d'une
telle relation : lorsqu'au terme d'une guerre les vainqueurs imposent aux vaincus
des *réparations*, outre l'avantage matériel, c'est la reconnaissance de leur autorité
qu'ils exigent.

politique – elle est reconnaissance d'un pouvoir de commander. Ce concept ne présuppose donc ni un concept général de la décision, ni un concept pré-politique de la volonté, dont il faudrait suivre la mutation en concept de la décision politique, il forme si l'on peut dire des concepts *sui generis*, de part en part politiques, de la décision et de la volonté.

Il est temps pour nous de retirer l'échafaudage, de prendre congé de ce que nous avons d'abord présenté comme un expédient permettant d'échapper à l'aporie constituée par le système de double contrainte que nous nous sommes donné. Mais il faut mesurer, avant de passer à une autre étape, à la fois le gain que nous avons obtenu, le prix que nous avons dû payer, et les difficultés que nous pouvons avoir suscitées.

Le gain est à mesurer à l'aune du but poursuivi. Il était d'échapper à une alternative entre deux modèles de la décision : le choix et le commandement. Le premier modèle aurait impliqué de concevoir la décision politique comme procédure de coalescence de préférences individuelles et l'espace politique comme espace de délibération. Le second aurait supposé de penser le pouvoir politique comme pouvoir pour une volonté d'obliger d'autres volontés et l'espace politique comme pure création de cette volonté souveraine. Le détour que nous avons emprunté nous a fait traiter ces deux modèles de façon dissymétrique. Il nous a permis comme un contournement de la définition de la décision comme choix préférentiel. C'est plutôt à un retournement de sa définition comme commandement que nous avons procédé. Aussi bien, le résultat que nous venons de relever n'est-il réductible à aucun de ces deux modèles de la décision.

Le prix que nous avons dû payer pour parvenir à ce résultat peut sembler considérable. Il est très exactement de nous priver, du moins le semble-t-il, de ce que la théorie du choix rationnel entend apporter : les dimensions de la délibération et de la rationalité. S'en exempter impliquerait de pouvoir tirer ces dimensions de la nature même de la décision politique, sans faire de celle-ci un dérivé de la décision personnelle.

Mais il nous faut encore soulever une difficulté propre à la voie ainsi esquissée : le langage de l'intersubjectivité que nous avons été amenés à employer, pour rendre compte de la structure relationnelle portée par le rapport obéissance / commandement, n'est-il pas inadéquat pour penser les dimensions de la généralité et de l'institution dont nous avons vu qu'elles étaient requises même par ce concept minimal de la loi que la décision politique exige ?

C'est de sa capacité à prendre en charge ces deux séries d'objections que dépendra la validation de la démarche que nous tentons ici.

## EXCEPTION ET INSTITUTION

### La loi et le décret

Ayant raisonné, à la suite de Hobbes, sur un concept minimal de la *loi*, ne retenant que les seuls caractères du consentement (autorisation) et de la déclaration (promulgation), nous avons laissé délibérément de côté une série de distinctions désormais essentielles. C'est, dans le vocabulaire de la politique, celle de la loi et du décret qui les supporte [1].

Cette distinction, et celles qui la suivent, sont encore tenues pour fondamentales dans le vocabulaire contemporain. Pourtant, elles n'ont peut être jamais eu de rôle que régulateur, la technique juridico-politique les ayant toujours transgressées. On peut aussi avancer que la pratique politique du dernier siècle a consisté en leur effacement croissant, les « démocraties » ruinant par là leur propre fondement [2]. Notre propos sera plutôt d'essayer de comprendre pourquoi l'idée même de décision politique à la fois les implique et les met en péril.

Le premier trait qui distingue la loi du décret, c'est que l'une renvoie à la généralité l'autre à la particularité. La loi déter-

---

1. Ces catégories très anciennes (Aristote, *Politiques*, liv. IV, chap. IV, s'en sert pour définir la véritable démocratie) relèvent de la philosophie politique et du droit constitutionnel plus que de la technique juridique.

2. Giorgio Agamben, *État d'exception*, trad. J. Gayraud, Paris, Seuil, 2003, p. 18-21 et p. 34-35.

minera les critères de l'imposition, le décret fixera leur quotité et établira le rôle de sa levée. La loi fixe des conditions à tous ceux qui lui sont soumis, le décret les applique à des individus déterminés : d'un côté les conditions d'accès à des emplois publics, de l'autre les nominations qui les pourvoient. Cette relation, par le simple jeu de la structure qu'elle met en place, fixe syntaxiquement la loi comme règle (la loi règle, le décret applique). Elle lui confère aussi une dimension sémantique (appliquer, c'est toujours aussi interpréter) qui donne à la règle le statut d'une norme. Par ce double statut de règle et de norme, la décision politique ouvre d'elle-même les questions de sa légalité et de sa légitimité.

Poser cette distinction entre loi et décret, c'est aussi établir la loi comme médiation entre la volonté qui décide et les volontés auxquelles elle commande. Ce n'est plus immédiatement au pouvoir de vouloir de qui décide mais à sa volonté déclarée que l'obéissance est requise. Cette médiation en entraîne une autre : la loi s'adresse à un collectif (l'ensemble de ceux qui lui sont assujettis) et à travers lui à chacun de ceux qui lui appartiennent. À la relation intersubjective de commandement et d'obéissance, se substitue un assujettissement institué. Ainsi, pour Rousseau, la loi affranchit de la dépendance personnelle [1].

Mais une autre distinction accompagne les précédentes, aussi importante pour le concept de décision : celle du législatif et de l'exécutif. En posant que la loi est une règle générale et que le décret a affaire à la particularité, on distingue la volonté de son exécution. Exécuter une volonté c'est agir en employant à son effectuation les forces disponibles, c'est aussi faire exécuter, se faire obéir. Cette distinction est donc double : c'est, d'une part, celle de la volonté et de sa mise en œuvre, d'autre part celle du pouvoir de décider comme pouvoir de vouloir et du pouvoir de se faire obéir (coercition et sanction pénale). Sous diverses modalités, la distinction des pouvoirs et la notion de constitution chez Montesquieu, celle du souverain et du gouvernement et la notion de gouvernement légitime (républicain) chez Rousseau,

---

1. Par exemple, *Du contrat social*, I, VII et II, XII, *op. cit.*

comme les notions courantes de pouvoir politique et de pouvoir administratif dans le droit constitutionnel moderne, renvoient à cette matrice.

La distinction de la loi et du décret a un pouvoir analytique puissant pour la notion de décision politique. D'un côté, elle met en évidence que la décision est position de norme et par là même pose les problèmes de la légitimité et de la légalité : qui peut être fondé à poser une norme pour une société ?, quels sont les critères de légitimité d'une norme ?, quelles sont les conditions de légalité de l'application, l'interprétation et l'exécution des normes ? D'un autre côté, elle manifeste que c'est toujours dans la particularité que la décision est effective et que par conséquent, privée des moyens de se mettre en œuvre, pouvoir de faire et de faire faire, la décision se vide de contenu. Mais analyser peut aussi bien dire clarifier une complexité que dissoudre une unité : ces deux lectures, dans leur opposition, ont structuré la modernité politique.

Ce n'est à coup sûr pas par ignorance qu'Hobbes refuse cette distinction mais parce qu'il récuse ses implications pour la notion même de décision politique[1]. Distinguer la loi de décret, on vient de le voir, c'est faire de la loi une médiation entre commandement et obéissance. C'est au contraire parce qu'il tient à l'immédiateté du rapport de commandement qu'Hobbes affirme que le commandement adressé à un individu revêt les caractères suffisants de la loi. Comprendre ses réticences permettra d'en mieux saisir les enjeux.

Obéissance et autorisation sont confondues par Hobbes sous la notion de consentement : c'est la reconnaissance à une volonté du droit de commander qui fait qu'on consent à lui obéir. D'où l'importance de la personnalisation (quand même cette personne est un conseil ou une assemblée) de celui à qui ce pouvoir de commander est reconnu. Conçue comme rapport de personnes, l'autorisation fait du pouvoir de commander un pouvoir de se faire obéir qui recèle en lui-même comme implicite celui de vouloir, c'est-à-dire de former la décision. Distinguer la loi du

1. *Léviathan, op. cit.*, p. 282.

décret impliquera de décomposer le pouvoir de décider en pouvoir de vouloir et pouvoir de se faire obéir. L'autorisation portera alors sur le premier, le consentement sur le second, et cette dissociation conduira à différencier législateur et gouvernant[1].

Hobbes ramène la promulgation à la déclaration pour des raisons strictement analogues. L'oralité de la déclaration est le signe de ce que le commandement est adressé par une personne à une autre et que c'est le lien d'assujettissement consenti de l'une à l'autre qui doit emporter l'obéissance. Marquer dans la promulgation le rôle de la forme (que matérialise le passage à l'écrit), impliquera au contraire d'invoquer l'autorisation comme titre (ce qui autorise le législateur à décider de la loi) et de faire dépendre l'obligation de la légalité de la décision.

Si Hobbes résiste ainsi (c'est bien de résistance qu'il s'agit) à la montée en puissance de ces distinctions dans la pensée politique du XVIIᵉ siècle, c'est qu'il y voit une tendance à la dissolution de l'unité de la décision politique et à l'affaiblissement du pouvoir de contraindre, cet *empire* sans lequel la paix et la sécurité, les biens politiques premiers à ses yeux, se perdraient. Locke au contraire les souligne, en réponse manifeste à Hobbes[2]. Mais le siècle suivant (sous une forme chaque fois différente, chez Montesquieu, Rousseau, enfin Kant) voit le succès de ce mouvement initié par Grotius puis Pufendorf, qui avaient introduit dans le concept classique de la souveraineté un biais qui devait la retourner sur elle-même[3]. Le triomphe du parlemen-

1. La prévalence de l'élection (par laquelle sont désignés aussi bien ceux qui légifèrent que ceux qui gouvernent) sur la votation (par laquelle les citoyens se prononcent sur une décision) tend à effacer cette différence. Avec la personnalisation, le consentement supplante l'autorisation. C'est une tendance marquante des constitutions contemporaines. Revanche de Hobbes ?

2. John Locke, *Le second traité du gouvernement*, chap. 11, § 135-137, ainsi que *De la tyrannie*, chap. 18, trad. J.-F. Spitz, Paris, P.U.F., 1994, p. 97-102.

3. Bodin définit la souveraineté comme pouvoir de « faire loi » (cf. *Les six Livres de la République*, *op. cit.*, liv. I, chap. VIII). Sans rien changer à cette expression, passer, dans la conception de la loi, du commandement à la règle suffit pour transformer la souveraineté de « puissance de commander » (cf. *ibid.*) en « puissance législative » (cf. Rousseau, *Du Contrat social*, II, VI et III, I). Mais ce déplacement enveloppe un retournement complet du concept.

tarisme dans la pensée du XIX$^e$ devait, sous une autre forme, encore accomplir ce processus. Les retours récurrents à Hobbes, depuis un siècle, scandent les crises successives de ce modèle ; ils coïncident avec les périodes de révolution et de guerre, où revient en force la question de l'état d'exception [1].

Le refus de distinguer loi et décret ne se limite donc pas à maintenir le statut plein et entier de décision politique à la décision qui, dans telles circonstances déterminées, adresse un commandement à des personnes déterminées. L'enjeu est plus élevé. Il s'agit de savoir si le pouvoir de décider est d'abord celui de se faire obéir (commander) et pour cela d'édicter des règles, ou d'abord le pouvoir de poser des règles (légiférer) et par là de les faire respecter. Il s'agit aussi, peut-être surtout, de voir le noyau même de la décision politique dans cette décision qui tranche et commande de façon inconditionnée, sans avoir à s'appuyer sur une règle ni en former une. On reconnaîtra le pouvoir de décider moins dans celui d'établir des règles que dans celui de décider de l'exception. L'exception alors n'est pas conçue, négativement, comme ce qui échappe à une règle mais, positivement, comme ce qui n'est pas adossé à une règle.

On le voit, la distinction de la loi et du décret met en jeu dans son cœur même le statut de la décision politique.

### La réduction à la règle : l'impossible éviction de la décision

Définir la décision politique comme établissement d'une règle revêt à la fois une dimension affirmative et une dimension restrictive, toutes deux fortement attachées à la notion de constitution. La règle, parce qu'elle se situe en amont de son application, la prévoit et l'ordonne, arrache la décision à la ponctualité et la contingence pour l'installer dans la durée, elle est proprement instituante. Dans le même mouvement, elle doit se déprendre

---

1. Les deux dernières décennies ont donné, dans les relations internationales, le spectacle saisissant d'une telle alternance : le XX$^e$ siècle s'est achevé sur un hymne mondial à la légalité, le XXI$^e$ commence par un retour en force de la décision comme prérogative de la puissance. Il faut y voir, plus qu'un recul du droit ou un rappel au principe de réalité, la manifestation d'une tension constitutive de la politique.

de l'actuel, au double sens de la circonstance présente et de l'effectuation, au profit de pouvoirs, que l'on dira subordonnés, d'exécution et d'administration. Une telle perspective induit une logique de rétention du pouvoir de décision dans la règle instituée et de contrôle de légalité de l'exercice du pouvoir d'exécution. Dans la formation d'une constitution, le pouvoir de décision trouvera à la fois son accomplissement et son extinction. C'est ce qu'on pourrait appeler le rêve du constitutionnaliste : il n'y a plus de décision à prendre parce que les décisions ont déjà été prises. Mais ce rêve de réduction à la règle ne dit-il pas de lui-même ce qu'il comporte de déni de l'a-régularité fondatrice de la décision instituante et de l'irrégularité exceptionnelle de l'événement qui vient bousculer le désir d'ordre et de stabilité de la constitution ? Toute tentative de réduction de la décision à la règle se heurte à l'irréductibilité de l'exception. Pour valider cette conclusion, il nous faut donner corps à sa déduction abstraite.

La notion même de politique, on l'oublie souvent, n'est pas formée directement à partir de celle de *polis* (la cité en grec), mais à partir de l'adjectif *politikos* qui lui-même renvoie à la *polis* par l'intermédiaire de ces termes dérivés que sont *politès* (le citoyen) et *politéïa* (la constitution, entendue comme institution de la cité). Le citoyen n'est pas l'habitant de la ville, mais celui qui vit dans et sous les institutions de la cité. Est politique donc ce qui concerne l'institution de la cité. C'est sous cet éclairage qu'il faut comprendre l'affirmation d'Aristote, déjà rencontrée, selon laquelle il n'y a de véritable constitution que là où « les lois gouvernent ». Les lois (*nomoï*) sont des décisions réglées, par opposition aux décrets (on traduit ainsi *pséphismata*, littéralement : votes avec des cailloux que l'on compte) qui sont des décisions particulières sans la médiation de la loi. Aussi bien est-ce à propos de la démocratie qu'aux yeux d'Aristote cette distinction est particulièrement nécessaire[1] : la démocratie véritable est celle où le peuple entier fait les lois et où des magistrats (élus ou tirés au sort) sont chargés de les appliquer. C'est dans sa

1. *Politiques*, liv. IV, chap. IV, *op. cit.*, p. 294-295 ; trad. J. Tricot, Paris, Vrin, p. 279-281.

contrefaçon démagogique (analogue de la tyrannie pour la monarchie) que le peuple assemblé décrète des cas particuliers. Cette référence à la tyrannie est essentielle. La tyrannie, particulièrement pour Aristote, est la dérive non politique du pouvoir. C'est un pouvoir sans règle, au double sens qu'il n'obéit à aucune règle et ne passe pas par la médiation des règles pour se faire obéir. A *contrario*, est politique ce pouvoir qui gouverne sous des lois et par des lois. Ce principe est plus déterminant pour la démocratie que pour toute autre forme de constitution parce que, le pouvoir démocratique étant celui du peuple entier sur le peuple entier, rien ne vient le borner de l'extérieur, rien ne lui résiste. Les seules bornes qu'il connaît sont celles qu'il se donne lui-même.

Il n'est guère étonnant que les préoccupations suscitées chez Aristote par les soubresauts de la démocratie antique, au seuil de la crise qui la verra s'épuiser, renaissent au moment même où commence à s'affirmer le principe moderne de la démocratie. Si, on l'a vu, l'opposition de la conception de la loi comme règle à la loi comme commandement est une arme de la lutte anti-absolutiste[1], c'est avec l'affirmation positive de la souveraineté du peuple qu'elle devient centrale dans la pensée politique. Rousseau est à cet égard très éclairant. Dans sa pensée, l'apologie de la loi sert de socle à la formation de la théorie de la souveraineté[2]. C'est parce qu'il commence par faire basculer le concept de la décision tout entier du côté de la loi qu'il peut tant insister sur le caractère absolu de la volonté générale. L'affirmation selon laquelle « Toute décision de cette volonté s'appelle loi »[3] doit se lire dans les deux sens : elle signifie que la volonté du peuple fait loi (on peut alors y voir une simple translation du

---

1. Une approche historique, qui n'est pas la notre ici, demanderait de marquer comment ce thème a transité par l'aristotélisme médiéval, et particulièrement par ce « passeur » de la pensée politique d'Aristote que fut Nicole Oresme.

2. Cela est manifeste dans le *Discours sur l'économie politique* et le rapport que ce texte entretient avec les deux versions du *Contrat social*. Voir, dans l'édition commentée de ce texte (Paris, Vrin, 2001), les contributions de G. Radica et B. Bernardi.

3. Elle figure dans le brouillon du *Discours* au lieu même de « l'invention » de la notion de volonté générale.

« Si veult le roi si veult la loi ») mais aussi que peut être reconnu comme volonté du peuple cela seul qui a le caractère de la loi. C'est clairement le sens du chapitre « De la loi » du *Contrat social*. Bien des traits de la pensée politique de Rousseau, à commencer par la méfiance à plusieurs reprises affirmée envers le trop grand nombre de lois et l'abus des nouvelles lois renvoient à cette thématique. Le chapitre sur le gouvernement démocratique en est imprégné. On verra alors dans la conception de la décision politique comme loi un garde fou contre la puissance sans limite du principe de souveraineté. C'est en tout cas dans cette direction que la pensée politique de Kant pèsera. C'est aussi sur cet aspect qu'insistent les lectures « républicaines » de Rousseau.

Tout se passe à cet égard comme si la modernité politique avait fait de la définition de la décision politique comme institution de règles le moyen de canaliser ce que comporte de potentiellement anomique le principe de la souveraineté populaire. Avant même qu'elle se soit produite avaient commencé les efforts pour « faire rentrer la révolution dans son lit ». En formant la distinction entre *pouvoir constituant* et *pouvoir constitué*, Sieyès marquait bien ce qui était en jeu : le rôle attribué à la constitution de faire passer du moment où la décision politique se manifeste, produisant une norme sur fond d'anomie, à la durée pacifiée où, adossée à la décision prise, règne l'ordre des lois. Ce pourrait être une caractérisation de l'idée républicaine[1]. Ce pourrait être aussi une façon d'interpréter ce que nous avons appelé le rêve du constitutionnaliste. Le principe de souveraineté du peuple assurant la légitimité de l'ordre politique, l'ordre institutionnel aspire à lui assurer la légalité. L'idée même de constitution a alors en charge de repousser en amont (c'est l'acte constituant qui fonde la constitution comme norme) et en aval

---

1. Le républicanisme, face au principe démocratique moderne, occupe une place analogue à celle de la *constitution excellente* d'Aristote vis-à-vis de la démocratie. Même référence à la loi, même cadrage éthique de la communauté politique. Mais, si l'éthique aristotélicienne est substantielle (elle requiert des idées communes du bien, de l'utile…), l'éthique républicaine est formelle (liberté et égalité des individus devant la loi). Sur ce point la digestion républicaine de Rousseau est difficile.

(c'est la réduction des décisions particulières à des actes d'administration) ce que la décision politique comporte inévitablement de rapport à l'exception.

À ce rêve on pourrait sans doute attacher un nom propre, celui de Kelsen. Si elle ne saurait s'y réduire, son œuvre revêt aussi cette signification. Considérer la constitution comme système de normes, c'est tenter de la soustraire autant que faire se peut à la précarité et à l'arbitraire que portent l'acte et le moment de la décision, c'est s'efforcer de substituer l'ordre juridique à la manifestation de puissance qu'est toujours en son fond la décision politique. On souligne souvent que le positivisme de Kelsen le condamne, en traitant les constitutions comme des faits juridiques régis par des règles normatives internes, à une sorte d'indifférentisme constitutionnel (rien ne permet de discriminer une constitution démocratique d'une constitution totalitaire)[1]. Ce reproche ne saurait en tout cas s'adresser aux intentions de Kelsen : il cherche surtout à protéger la constitution de Weimar des anti-juridismes que sont à ses yeux fascisme et bolchevisme[2]. Mais le projet même d'une juridisation de la notion de constitution, dont son œuvre est porteuse, fait difficulté dans son principe : la caractérisation de la constitution comme « norme juridique suprême » (en cela le positivisme kelsenien ne fait que condenser la tradition constitutionnaliste) s'inscrit dans une logique de réduction de la décision à la règle qui, pour reprendre les termes de Sieyès, tend à résorber le pouvoir constituant dans le pouvoir constitué. Considérer une constitution comme un système de normes établies, c'est avant tout considérer la décision comme ce qui a déjà eu lieu. En amont de la constitution, l'acte constituant est considéré pour ainsi dire comme toujours déjà révolu. La constitution est posée. En aval, l'encadrement des

1. O. Beaud, article « Constitution et constitutionnalisme », dans *Dictionnaire de philosophie politique*, P. Raynaud et S. Rials (dir.), Paris, P.U.F., 1996.
2. Sur les intentions politiques de H. Kelsen, voir *La Démocratie. Sa nature. Sa valeur*, trad. C. Einsenmann, Paris, Sirey, 1932. Sur sa défense contre l'accusation d'indifférentisme normatif, voir *Théorie générale des normes*, Paris, P.U.F., 1996.

décisions, aussi bien législatives qu'administratives, par les critères de constitutionnalité revient à les dériver de la constitution.

Il est intéressant de considérer cette orientation sous le regard du moment présent. On voit communément dans l'importance croissante accordée aux contrôles de constitutionnalité une progression de l'état de droit. Il faut envisager aussi ce phénomène sous un autre angle. Devant le contrôle constitutionnel, la différence entre législation et administration tend à s'effacer, les mesures législatives étant traitées comme des mesures administratives. On sera tenté de rapprocher ce phénomène du recours tout aussi croissant aux décrets-lois dans les constitutions contemporaines : le contrôle de constitutionnalité apparaît alors comme un voile derrière lequel le pouvoir d'exécution investit le pouvoir législatif et, s'abritant derrière la décision déjà prise, travestit les décisions de l'exécutif en lois par l'onction de la constitutionnalité[1]. L'autorisation constitutionnelle pourrait bien être un produit de substitution pour l'autorisation politique à légiférer. Soit que la source de l'autorisation soit affaiblie, soit qu'on veuille s'en passer. Cette absorption du politique dans l'administratif rejoint de façon saisissante l'effacement hobbesien de la distinction entre loi et décret : la constitutionnalité joue le même rôle que le consentement chez Hobbes.

On voit bien en tout cas comment une telle démarche de pensée concentre et d'une certaine façon exhibe ce qu'elle tend à résorber : l'acte même de la décision politique. En amont l'acte constituant est son impensé, en aval l'acte législatif y est dévalué.

L'acte législatif proprement dit enveloppe (il l'occulte et simultanément le manifeste) le pouvoir de décision qui le soustend. Rousseau permet encore de mettre en évidence ce second point. On a vu l'insistance avec laquelle il montre que la loi est la forme obligée de la décision politique. On a vu également quelle lecture de sa pensée entraînait l'insistance unilatérale sur cet aspect. Mais Rousseau lui-même ne cesse de le contrebalancer

---

1. Sur ce point, voir G. Agamben, *État d'exception, op. cit.*

en mettant en évidence la radicalité du pouvoir de décision dont la loi elle-même procède. C'est bien sûr ce que recouvre la notion de contrat social : « l'acte par lequel un peuple est un peuple » est ce qui rend possible la déclaration de la volonté générale, autrement dit la loi[1]. Mais cet acte ne peut être pensé comme un événement qui s'effectuerait et s'éteindrait dans son effet : la formation du corps politique. C'est pour cela qu'il est « contre la nature du corps politique que le Souverain s'impose une loi qu'il ne peut enfreindre »[2] : la problématique de la révision constitutionnelle est la voie par laquelle se manifeste le mieux l'impossible éviction de la décision politique par le constitutionnalisme. L'actualité du pouvoir de décider est par sa nature perpétuelle et pour ainsi dire réitérée par chaque acte législatif :

> Chaque acte de souveraineté ainsi que chaque instant de sa durée [celle du corps politique] est absolu, indépendant de celui qui précède et jamais le souverain n'agit parce qu'il a voulu mais parce qu'il veut[3].

Sous la loi il y a toujours la décision. La régularité de la loi, qui s'accomplit dans la constitution comme ordre institué et durable, se fonde dans la pure actualité de la décision qui l'édicte[4].

Ce double rapport à la temporalité, pur présent de l'acte de décision, durée par nature indéterminée de l'institution, est sans doute ce qui rend si obscure la décision politique. Mais, parce que l'acte constituant précède l'institution, on peut être tenté – au rebours du rêve du constitutionnaliste – de voir dans l'anomie de l'état d'exception le lieu où se saisit dans sa pureté la décision politique.

---

1. *Du contrat social, op. cit.*, I, V.

2. *Ibid.*, I, VII.

3. *Fragments politiques*, III, 11, *Œuvres complètes*, «Bibliothèque de la Pléiade », Paris, Gallimard, t. III, p. 485.

4. Comprendre la pensée politique de Rousseau exige de tenir ensemble ces deux pôles et de saisir leur articulation. N'en tenir qu'un conduit à en faire un volontarisme ou un juridisme ; les disjoindre la rend incohérente.

*La réduction à l'exception : l'impossible éviction de la norme*

La notion d'état d'exception est indissociable de celle de constitution. Une constitution, on l'a vu, entretient un double rapport à la décision. D'un côté, l'institution d'un ordre est décision : l'acte constituant peut être considéré en lui-même comme la décision politique par excellence. D'un autre côté, une constitution pose les règles qui président dans un espace politique donné à la prise de décision : *qui et comment est habilité à prendre des décisions, à les faire exécuter, à sanctionner les infractions ?*

Institutrice d'un ordre, la constitution doit aussi pouvoir résister au désordre qui la menace dans son existence même. Il peut venir de l'extérieur et c'est l'état de guerre. La guerre, par opposition à l'ordre politique institué qui régularise les rapports internes d'un société, est le domaine de la contingence : elle rend précaire l'existence des institutions et les place devant des décisions essentiellement imprévisibles. Le désordre peut aussi venir de l'intérieur, lorsque l'autorité même des décisions politiques est menacée dans sa source. C'est ce que traditionnellement on appelle rébellion ou, quand la force ouverte est employée, insurrection, guerre civile. L'état d'exception est d'abord cet état dans lequel les règles instituées pour la prise de décision et leur exécution deviennent inopérantes. Le paradoxe de cette notion, en tant qu'il lui est donné un statut constitutionnel, c'est qu'elle nie ce qu'elle affirme et affirme ce qu'elle nie. Décider de l'état d'exception c'est suspendre les règles qui norment la prise de décision : c'est donc une décision prise au nom de règles auxquelles il s'agit de déroger. Plus : l'état d'exception a ses propres règles (par exemple donner au pouvoir exécutif, voire au commandement militaire, le pouvoir de légiférer) et constitue pour ainsi dire un autre ordre institutionnel qui vient se substituer à celui pour la défense duquel il est supposé être instauré. Depuis la république romaine (qui prend en charge l'état d'exception sous plusieurs formes, la plus célèbre étant la *dictature*), ces paradoxes n'ont cessé d'alimenter la réflexion juridique et constitutionnelle[1]. Sans entrer dans un détail nécessairement technique, on peut constater que l'état d'exception est une sorte de révélateur par lequel toute norme politique est reconduite à l'acte qui la pose, et cet acte est une décision.

Mais cette façon de l'aborder ne permet pas d'aller au cœur même de la question de l'exception : envisager l'exception à partir d'un ordre politique supposé donné conduit à concevoir l'état d'exception comme dérogation. Enveloppée dans l'ordre institutionnel qui en est l'effectivité ordinaire, la décision n'apparaît que par effraction, elle est précisément l'exception. Il en va nécessairement ainsi tant que la société politique est considérée comme une communauté naturelle (la cité antique) ou un pouvoir traditionnel de commander (les monarchies héréditaires). La question de l'exception change au contraire de visage à partir du moment où, c'est le titre même de la modernité, l'ordre politique est appréhendé comme convention[2].

Le principe de la démocratie moderne est qu'une société se donne, par une décision souveraine, l'ordre auquel elle s'oblige. La constitution est l'objet de cette décision. Or une telle décision implique que l'on se place dans une situation où cet acte instituant lui-même est proprement exceptionnel, non qu'il déroge à une règle mais qu'il instaure une règle sans pouvoir s'appuyer pour cela sur une quelconque règle antérieure. Cette situation peut être considérée comme réelle ou fictive. Ce sera un état de nature, un état de fait, une position originelle, une situation révolutionnaire, d'autres figures encore, mais dans tous les cas l'acte instituant suppose l'absence ou la mise à l'écart de toute

1. Pour un aperçu général, voir l'article « État d'exception » de J.-F. Kervegan, dans *Dictionnaire de philosophie politique, op. cit.*, p. 231-234. Deux ouvrages majeurs traitent frontalement la question : C. Schmitt, *Théologie politique*, (1922, 1934[2]), trad. J.-L. Schlegel, Paris, Gallimard, 1988 ; et Giorgio Agemben, *État d'exception*, trad. J. Gayraud, Paris, Seuil, 2003.

2. Machiavel se place au lieu du basculement de la première à la seconde approche de l'exception. *Le Prince* n'a affaire qu'à l'exception parce qu'il s'agit de penser un état politique dans lequel la régularité est impensable : cette impossibilité de renvoyer la décision à un ordre (naturel, traditionnel ou conventionnel) oblige à faire porter à la décision sur l'exception le poids entier de la politique.

norme antérieure. La question n'est pas ici de savoir si une telle représentation se heurte à la réalité du processus de formation des sociétés humaines (on peut bien entendu objecter que la normation politicio-juridique naît toujours d'un fond de normes sociales préexistantes), ni si on peut lui opposer la prévalence de normes fondamentales (elles renverront à une transcendance divine, au droit naturel ou aux droits de l'homme), ni si elle peut être porteuse d'une terrible puissance de domination et d'arbitraire (de la Terreur à la «révolution culturelle prolétarienne», les exemples n'en manquent pas), mais de constater qu'elle est requise par l'idée même d'institution politique. «Jamais, disait Rousseau, le souverain n'agit parce qu'il a voulu mais parce qu'il veut». On doit mettre à nu le soubassement de cette thèse : le pouvoir de prendre une décision politique instituante implique un pouvoir inconditionné de poser des normes.

L'exception n'est pas seulement le fond sur lequel se constitue la règle : le pouvoir de décider de l'exception est au cœur de la décision politique en tant que celle-ci est constitutive d'une règle. L'exception constitue le noyau irréductible du pouvoir constituant. C'est à Carl Schmitt qu'il revient de l'avoir mis en évidence, historiquement et conceptuellement[1].

Doit-on de ce constat conclure (conception à laquelle on attache communément le nom de *décisionnisme*) que la décision politique peut en fin de compte supporter une réduction à l'exception[2]? C'est ce qu'il importe de ne pas accorder trop vite. Il faudrait en effet pour cela compter pour rien cette double détermination de la décision politique, dont nous venons de voir qu'elle était constitutive aussi de la décision sur l'exception : elle est instituante et position de norme.

---

1. C'est autour de cette question que tournent ses œuvres majeures. La deuxième partie de cet ouvrage examinera et discutera sa manière spécifique de produire cette thèse et les conséquences qu'il en tire.

2. Schmitt a formé ce néologisme devenu courant. Est-ce bien le sens qu'il lui attribue? Peut-on lui attribuer un tel décisionnisme? Ce sont là des questions essentielles que nous laisserons provisoirement en suspens.

Il faut d'abord noter qu'il s'agit bien d'une double détermination et non de deux déterminations distinctes. Dire d'une décision qu'elle est normative, c'est dire qu'elle détermine un devoir être. Mais une décision politique, nous le savons, est une décision qui se définit comme volonté valant pour d'autres volontés. Sa normativité règle donc un devoir faire ; elle prescrit des conduites. Et, parce qu'elle ne détermine pas une conduite présente immédiate (ce que fait le commandement militaire : Feu !) mais des conduites futures et durables (Tous les revenus devront être déclarés au fisc), elle implique, nous l'avons également vu, la forme de la généralité. Le caractère instituant d'une telle décision tient au fait qu'elle constitue par elle-même, et plus encore par le système que forme un ensemble de décisions, un ordre spécifique dans l'espace et dans le temps : elle pose en face d'elle le cadre et la permanence de sa validité. Part essentielle du concept de l'État.

Ce statut de la décision politique implique un rapport bien particulier à l'exception. Nous l'avions entrevu s'agissant de l'état d'exception au sens classique du terme : décréter l'état de siège c'est à la fois suspendre un ordre politique régulier et lui en substituer un autre. De façon plus parlante encore, la décision la plus radicale qui puisse se concevoir, la décision révolutionnaire qui annule un ordre institutionnel, porte par elle-même l'institution d'un nouvel ordre. C'est d'ailleurs la différence entre une rébellion et une révolution. La première, parce qu'elle reste dans l'élément de l'exception, est impuissante, au sens strict, à faire la décision. La seconde au contraire, parce qu'elle constitue son exception en norme, emporte la décision. Le rapport proprement politique de la décision à l'exception, est donc que la décision fait une norme de l'exception dont elle décide : elle la fait échapper à son statut d'exception[1]. La pratique juridique connaît, avec

1. La permanence de l'exception est une gageure. L'extrême tension que manifeste de bout en bout *Le Prince*, chez Machiavel, tient en large part à ce qu'il est dans la nécessité de durer en restant dans l'élément de pure actualité de l'exception. Cette tension et cette structure se retrouvent lorsqu'il s'agit de rendre compte de l'idée de révolution. *Le Prince* est le livre de chevet de tous les révolutionnaires.

la jurisprudence, un rapport analogue de l'exception et de la règle : la décision qui fait jurisprudence est précisément celle qui, mise devant l'exception, en décide d'une façon qui fera règle. La différence des deux modèles est aussi éclairante que leur analogie. C'est comme interprétation, donc de l'intérieur de la règle, que la décision juridique est prise, c'est au contraire comme institution de norme que la décision politique se donne. La première est décision subséquente, la seconde est instituante.

Le caractère normatif de la décision politique a donc cette structure paradoxale : elle trouve sa condition de possibilité dans sa capacité à décider de l'exception, elle produit son effectivité dans sa capacité à faire valoir l'exception comme norme. Pas plus qu'il n'est possible de ramener la décision politique à l'institution d'une règle, il n'est possible de la réduire à la décision sur l'exception. C'est sans doute ce qui rend indissociables les difficultés politiques et juridiques à penser les idées de pouvoir constituant et de constitution.

« Toute constitution républicaine prévoit une exception à la règle d'irresponsabilité présidentielle ». Cette phrase toute récente d'un constitutionnaliste [1] peut symboliser à merveille les paradoxes de la règle et de l'exception que nous venons de déployer. La règle première, c'est celle qui veut que tous soient responsables devant les tribunaux des infractions aux lois. L'exception, c'est d'abord celle qui accorde au chef de l'État un statut d'irresponsabilité. Cela signifie que par son pouvoir supérieur de décision il est mis au dessus des lois, lointain avatar de la règle *princeps solutus* (le prince n'est pas lié par la loi). Ce principe est donc une sorte de butte témoin de ce qu'en dernière instance il est impossible de résorber la décision sous la règle. Et pourtant, le propre du gouvernement républicain, est de ramener jusqu'à cette ultime exception à la règle : l'irresponsabilité du chef de l'État devient une règle constitutionnelle. Cette règle elle-même connaît une exception : c'était le cas de haute trahison, ce deviendrait dans la modification constitution-

---

1. Pierre Avril, président de la commission chargée d'une réflexion sur le statut du chef de l'état. Voir *Le Monde* du 22 juillet 2003.

nelle envisagée une procédure de destitution. Qui statue de cette exception ? Les assemblées, soit le corps législatif. Il ne s'agit de rien d'autre que de mettre celui-ci en position, en dernier recours, de décider de l'exception, donc une fois encore de signifier cette prééminence ultime de la décision sur la règle. Au delà de l'évidente indécision de la loi constitutionnelle de la Ve République (qui, du chef de l'État ou du corps législatif, décide de l'exception ? ) ce débat, par son caractère circulaire, met clairement en évidence la double impossibilité de soustraire la décision sur l'exception à la règle et de l'y soumettre.

Plutôt que de voir dans cette contradiction une preuve de l'inconsistance de la notion de décision politique, n'est-il pas possible d'y reconnaître cela même qu'elle a pour fonction de prendre en charge ?

### Décision et pouvoir constituant

Avec la notion de pouvoir constituant nous atteignons ce qui est, pour la pensée moderne, le cœur problématique de la notion de décision politique. La décision s'y manifeste dans toute sa puissance de constitution et, pour cela même, se révèle comme la menace la plus élevée. Le pouvoir constituant peut être à la fois le titre de la liberté et celui de la servitude, de la légitimité et de l'arbitraire. Cette ambivalence pourrait aisément donner lieu à antithèse et l'on rendrait compte sans difficulté des grandes orientations de la politique moderne en fonction du rapport, d'exaltation ou de répulsion, qu'elles entretiennent avec la puissance de décision qui est celle du pouvoir constituant[1]. Mais, plutôt qu'à suivre cette voie, c'est à discerner la source commune d'évaluations aussi opposées que l'on va s'essayer.

Que le pouvoir politique soit pouvoir de décision est une proposition en elle-même évidente et pour tout dire banale, une définition de base du vocabulaire de la politique qui ne revêt aucun caractère thétique. Il faut donc dégager ce qui peut la

---

1. C'est la force et la limite des œuvres majeures d'Antonio Negri, *L'anomalie sauvage*, Paris, P.U.F., 1982 ; et *Le pouvoir constituant*, Paris, P.U.F., 1997, d'avoir choisi cette voie.

rendre problématique. Décrire à gros traits la mutation de la décision en pouvoir constituant peut y contribuer.

Le pouvoir constituant n'est pas la souveraineté, mais la formation de l'idée de souveraineté est certainement ce qui a rendu possible celle de pouvoir constituant[1]. Chez Machiavel, puis Bodin, la décision politique est reconnue dans sa pleine autonomie : elle ne procède d'aucun ordre normatif présupposé. Pour cela même le pouvoir de décider, dans son ordre[2], est absolu : sans limite. Ce sont les deux traits constitutifs de la souveraineté. Mais cette notion de la souveraineté se forme à l'intérieur d'un paradigme de la décision comme commandement : le pouvoir de décider est celui de se faire obéir. Le jus naturalisme, en thématisant la distinction de la loi et du décret et en posant la question de l'autorisation, introduit un bouleversement profond dans la problématique de la décision. Hobbes même l'intériorise. La souveraineté devient le pouvoir légitime de poser des règles auxquelles on est obligé d'obéir, l'autorisation étant la source de l'obligation. De pouvoir de commander, le pouvoir politique devient en premier lieu pouvoir de légiférer, de poser des règles qui ont un véritable statut normatif[3]. Mais c'est Rousseau, en portant la notion d'autorisation à sa limite, et en mettant à jour sous le consentement la volonté, qui mène ce processus à son terme. Si la souveraineté est fondée sur l'autorisation, est souverain et le reste celui-là seul qui peut vouloir et consentir : le peuple ou corps politique[4]. Conservant du concept classique de la souve-

---

1. Tenant à marquer le premier point, Negri occulte le second. Rousseau occupe une place centrale dans le passage de l'idée de souveraineté à celle de pouvoir constituant. Cf. B. Bernardi, « Souveraineté, citoyenneté, délibération : d'une tension constitutive de la pensée de Rousseau », dans *Cahiers Philosophiques*, n° 84, déc. 2000.

2. Cf. Bodin, *Les six livres de la République*, liv. I, chap. VIII : « La puissance absolue des Princes et seigneuries souveraines ne s'étend aucunement aux lois de Dieu et de nature », *op. cit.*, p. 111.

3. Rousseau dira de la volonté générale, dans le *Discours sur l'économie politique*, qu'elle est « pour tous les membres de l'état par rapport à eux et à lui, la règle du juste et de l'injuste ». C'est déjà un attribut de la souveraineté chez Hobbes.

4. Le citoyen veut, le sujet consent. Parler du consentement des citoyens renvoie toujours à une conception confuse et faible de la démocratie.

raineté le caractère absolu et inaliénable, mais le déplaçant de la relation de commandement à l'autolégislation, ce nouveau concept (même si Rousseau garde le terme ancien) n'est autre que celui du pouvoir constituant. Il est attaché à ce que l'on tient dans les sociétés modernes comme le principe de la démocratie. Une société démocratique est celle qui se donne ses propres lois. Le pouvoir constituant ne désigne en effet rien d'autre que le pouvoir d'autoinstitution de la société, symétrique et corollaire de l'autonomie de la personne[1]. Il exprime le versant positif de cette règle négative qu'une société n'est obligée que par elle-même. En ce sens, comme le dit sobrement Antonio Negri, « parler du pouvoir constituant, c'est parler de la démocratie »[2].

Sieyès, on l'a dit, formule ce principe et forme la distinction entre pouvoir constituant et pouvoir constitué aux premiers moments de la Révolution française. Ce lien entre pouvoir constituant et révolution n'a rien de fortuit. L'idée révolutionnaire même engage cette représentation, alors toute nouvelle, selon laquelle un changement dans l'ordre de la société n'est pas à penser comme retour à une norme[3] mais comme institution d'une norme et que cette institution est un acte, relevant d'un sujet qui se manifeste par l'exercice de son pouvoir de décider. Mais ce concept *politique* de révolution et le principe du pouvoir constituant qui lui est attaché se sont trouvés liés à un concept *historique* de la révolution qui les a absorbés dans ses avatars (successivement téléologique avec les Lumières, eschatologique puis décisionniste avec les différentes phases du « mouvement révolutionnaire »). Le reflux de cette représentation révolutionnaire de l'histoire, dominante durant deux siècles, laisse de nouveau

1. Cornélius Castoriadis, *Les carrefours du labyrinthe*, II, Paris, Seuil, 1986.

2. C'est son énoncé liminaire dans *Le pouvoir constituant, op. cit.*

3. Ni la crise des institutions, ni la radicalité des changements par lesquels cette crise est résolue ne donnent son contenu à l'idée de révolution : les siècles précédents en avaient connus d'aussi radicaux, mais appréhendés comme restauration d'un ordre naturel ou traditionnel (le « bon gouvernement », les « lois fondamentales du royaume »). L'idée nouvelle est celle de changements relevants de la fondation, de l'institution : d'une décision instituante.

apparaître le principe sous jacent du pouvoir constituant[1]. C'est ce qui rend certainement nécessaire, peut-être possible, d'en repenser la structure conceptuelle.

La décision politique, comme pouvoir constituant, présente deux pôles : d'un côté elle se manifeste comme pouvoir non normé de poser des normes (elle est puissance sans limite de décider), de l'autre elle s'effectue comme production d'un ordre institué, une constitution. Sieyès articule cette polarité comme celle du pouvoir constituant et du pouvoir constitué. Chacun de ses pôles est susceptible d'une double caractérisation.

Parce qu'il décide sans être lui-même soumis à aucune décision, le pouvoir constituant est pure puissance d'affirmation, rien ne le lie ; mais cette indétermination peut aussi bien être caractérisée comme anomie et la décision ainsi prise proprement qualifiée d'arbitraire. Parce qu'il s'effectue dans la constitution d'un ordre, qui n'est rien d'autre que le droit positif, le pouvoir constituant est précisément ce qui arrache à l'anomie prépolitique ; mais, par ce mouvement de détermination, il se dessaisit de lui-même, la décision prise apparaissant comme la résorption de sa puissance de libre décision. Entre ces deux pôles il y aura alors une oscillation, dont on pourra rendre compte en termes historiques, juridiques ou politiques. Historiquement, on opposera l'événement de l'institution (fondation de cité, conquête du pouvoir, épisodes révolutionnaires) et la durée des institutions (tradition, dynasties, régimes). Juridiquement l'acte instituant apparaîtra comme source extrajuridique du droit. Les juristes en parlent avec un mélange d'admiration et d'effroi : « La puissance que recèle le pouvoir constituant est rebelle à une intégration totale dans un système hiérarchisé de normes et de compé-

---

1. Il est intéressant de noter que les débats sur la constitution de l'Europe sont les premiers à se dérouler en dehors de ce paradigme historique. De là une part des embarras dans lesquels ils s'empêtrent. On est en droit de penser que le retour sur la scène théorique du pouvoir constituant devrait être logiquement suivi de celui du concept *politique* de la révolution.

tences »[1]. L'œuvre constitutionnelle est tout entière vouée à l'encadrement de ce pouvoir sans cadre. La pensée politique moderne présente un clivage récurrent entre exaltation du pouvoir constituant comme libre puissance (du peuple, des masses, de la société) et défense du pouvoir constitué (comme ordre, état de droit, défense des individus)[2].

La simplicité de cette structure bipolaire fait la puissance de cette caractérisation du pouvoir constituant, elle pourrait aussi en constituer la faiblesse. L'insistance sur l'indétermination du pouvoir constituant, que ce soit pour la glorifier comme spontanéité productrice ou pour la conjurer comme arbitraire et anomie, ne revient-elle pas à masquer la structure précise de la décision politique qui est à son fondement ? Les termes quasi mystiques dans lesquels est évoquée cette puissance sans norme de poser des normes, cette « source sans forme de toutes les formes »[3], le recours au vocabulaire de la puissance, objet d'effroi ou de célébration, entretiennent autour du pouvoir constituant le climat religieux du mystère. On peut essayer d'y apporter un peu de clarté.

Anomique, le pouvoir constituant l'est-il vraiment ? Est anomique ce qui n'est pas régi par une norme et ce qui ne s'exerce pas selon une règle. Si le pouvoir constituant ne repose pas sur une norme qui lui soit antérieure, on peut avancer qu'il est lui-même une norme. Sous sa forme même la plus radicale, la décision sur l'exception, l'annulation de toute norme établie, le pou-

1. G. Burdeau, *Traité de sciences politiques*, t. IV, Paris, Librairie générale de droit et de jurisprudence, 1983, p. 171 (cité par A. Negri). Cette ambivalence est commune à tous les constitutionnalistes, C. Schmitt compris.

2. A. Negri s'attache à configurer ainsi deux « lignées », constitutives de ce qu'il appelle « les alternatives de la modernité ». Il y aurait lieu d'interroger l'exactitude des généalogies qu'il dresse (la place qu'il y donne à Rousseau montre qu'il est prisonnier de ses lectures « républicaines »). Mais il faut surtout noter qu'il reste profondément tributaire de la polarité conceptuelle que nous venons de décrire.

3. Cette expression est souvent utilisée par Schmitt. Il est frappant de constater que cette aura sacrée entoure le pouvoir constituant aussi bien chez des juristes ordinairement les plus techniques que chez des penseurs de la politique qui s'inscrivent en principe dans une lignée de rationalité et de matérialisme. Le cas d'Antonio Negri est marquant mais loin d'être isolé.

voir constituant se manifeste comme autonomie. Décider, quel que soit le contenu de la décision prise, c'est se poser comme pouvoir de décider. Cette position n'est pas une présupposition, la décision n'est pas la manifestation d'un sujet préexistant, car c'est dans la décision même qu'il se pose comme sujet. C'est ce que Rousseau, dans son vocabulaire propre, désigne comme « l'acte par lequel un peuple est un peuple ». On a vu que cet acte est moins une origine que le fond de toute décision politique. Si «parler du pouvoir constituant, c'est parler de démocratie », c'est en ce sens qu'il n'y a de pouvoir constituant que démocratique. La démocratie, comme autoinstitution de la société, comme autonomie, n'est pas une forme politique mais la structure même du pouvoir constituant[1]. Ce n'est pas tout. Parce que la décision politique, dans sa structure même, est volonté s'adressant à d'autres volontés, la modalité selon laquelle elle pose des normes est celle de la règle ; c'est précisément ce que recouvre le concept de loi. Définir le pouvoir constituant comme pure puissance c'est manquer que cette puissance s'exerce comme pouvoir de vouloir, et d'un vouloir qui se forme comme volonté adressée à d'autres volontés. Ce n'est que de volontés elles-mêmes autonomes que peut être attendue l'obéissance que la loi demande. *Non seulement le pouvoir constituant porte comme norme l'autonomie de la société, mais il requiert l'autonomie de ses membres ainsi que la modalité de la loi comme rapport de ces autonomies entre elles.*

Ce que nous avons caractérisé comme le second pôle du pouvoir constituant ne peut plus dès lors apparaître comme un contrepoids nécessaire à la puissance instituante (comme dans la vision du constitutionnaliste), ni comme le lieu de son enlisement et de la perte de son autonomie (le mort saisit le vif), mais comme le moment de son effectivité. Il sera alors question dans la constitution, comme mise en œuvre du pouvoir constituant, de la façon dont s'exerce le pouvoir d'autoinstitution de la société,

1. C'est un point, on le voit rarement, que souligne Schmitt. Mais la question est alors de savoir quel concept de la démocratie requiert le pouvoir constituant. La réponse de Schmitt ne va pas de soi. Voir plus loin notre commentaire.

et du rapport entre cette autonomie collective et celle des individus qui en sont les membres.

Loin de constituer une conception suffisante de la décision politique, cette reconfiguration de la notion de pouvoir constituant met clairement en évidence, par ce qu'elle garde d'ouvert et d'indéterminé, ce qu'il reste à penser. La notion d'autonomie ne reste-t-elle pas profondément indéterminée tant que l'on ne définit pas le concept de la volonté auquel elle renvoie? Les mêmes concepts de l'autonomie et de la volonté peuvent ils permettre de penser l'autoinstitution de la société et la liberté des individus à laquelle la loi se réfère?

Nous rencontrerons ces questions en abordant le rapport entre décision politique et délibération.

## DÉLIBÉRATION

Qu'est-ce que délibérer? Dans son usage commun la notion de délibération est double : elle désigne un résultat (la délibération est la décision prise) et la production de ce résultat (la délibération recouvre alors le processus qui aboutit à cette prise de décision). C'est en ces deux sens, par exemple, que l'on parle des délibérations d'un conseil municipal. Il serait apparemment logique, pour penser la décision politique, de se demander d'abord en quoi consiste le processus politique de la délibération. Que se passe-t-il dans un conseil municipal : la recherche de la juste décision? celle du compromis entre des volontés opposées? la détermination d'un choix majoritaire? les trois à la fois, mais alors dans quel ordre des règles? Ces questions sont le fond commun des discussions sur le gouvernement démocratique. Cependant, engager immédiatement cette discussion reviendrait inévitablement à penser la politique sur un modèle délibératif et la décision comme choix. Nous avons posé comme principe méthodique de notre enquête d'éviter une telle présupposition. Aussi bien, une autre voie s'ouvre à nous : avant de savoir en quoi consiste la délibération, il faut se demander pourquoi on délibère.

## Comment la délibération vient à la décision politique

La décision politique n'est pas celle qu'on prend pour soi seul mais pour ceux sur qui on a autorité[1]. Cette idée simple étant posée, il y a lieu de se demander ce qui peut conduire celui qui détient un tel pouvoir de décision à délibérer. Le fait, dira-t-on, qu'il doit prendre sa décision : la délibération lui permettra de savoir ce qu'il décide. Cela est bien peu probable : la décision exprime une volonté, pas un savoir, et on croit le plus souvent savoir ce que l'on veut[2]. Mais cela est possible. Le doute engendré par l'obstacle, la peur inhibant le désir peuvent empêcher la décision et pour cela conduire à délibérer. En tout cas, ce serait renvoyer à un autre concept de la décision : la décision comme choix, et penser la décision politique comme traduction dans le champ politique d'une décision individuelle. Surtout, la *délibération politique* n'est pas vraiment prise en compte ici. Qu'un roi prenne sa décision après avoir entendu son conseil ne change rien à la nature de sa décision : c'est une décision *après* délibération, ce n'est pas une décision *par* délibération. À supposer, ce qui ne va pas de soi, que toute volonté soit délibérée, cela ne concerne pas la question posée : comment celui qui dispose du pouvoir de prendre des décisions politiques peut-il être conduit à faire d'une délibération le mode de sa décision ? La réponse semble ne pas faire de doute : la nécessité de partager son pouvoir de décision.

Une archéologie sommaire de la délibération politique permettra d'abord de rendre concrète cette idée. L'univers de l'*Iliade* d'Homère est pour le moins éloigné de nous, on peut pourtant y voir naître une pratique délibérative. Devant Troie est rassemblée une armada composite. Agamemnon exerce sur elle une espèce d'autorité mais chacun des chefs se considère comme sa

---

1. La démocratie étant cette forme politique dans laquelle chacun décide pour tous ou tous pour chacun, suivant qu'on concevra la décision comme coalescence de décisions individuelles ou comme décision commune.

2. Alain Berthoz, *La décision*, Paris, Odile Jacob, 2003. Cet ouvrage intéressant et déconcertant (par l'absence de travail explicite sur les concepts) ne touche en rien à la décision politique. Mais il montre que les théories du choix rationnel sont en décalage complet avec les processus biopsychiques observables de la décision, que la décision ne précède pas l'action mais est action. Il y a là des parallèles à établir.

propre autorité. Chacun a, sur son peuple en arme (le *laos*), son propre pouvoir de décision : il se traduit par exemple par le fait qu'il lui est possible, si un désaccord survient, de se retirer des opérations. Le cas se produit plusieurs fois, notamment pour Achille. Or c'est précisément ce pouvoir que chacun a de prendre, pour son peuple, des décisions qui fait de « l'assemblée des chefs » une certaine forme d'assemblée délibérative. Chacun, au moment d'y prendre la parole, tient en main le bâton de commandement, signifiant par là que c'est son pouvoir de décision qui lui donne droit de participer à la délibération d'où sortiront les décisions communes. *C'est de la pluralité des pouvoirs de décision que naît la délibération*[1].

La généalogie de l'idée de démocratie rend la chose plus manifeste encore. La notion de démocratie se forme à partir d'une notion plus ancienne, celle d'*isonomie*[2]. Celle-ci est d'origine aristocratique. L'isonomie, contrairement à une erreur répandue, n'est pas l'égalité devant la loi (le fait que la même loi s'applique également à tous), mais l'égalité devant la loi à faire : le pouvoir égal de prendre des décisions. C'est une revendication aristocratique face à un principe monarchique : l'aristocrate est celui qui ne reconnaît à personne une autorité supérieure à la sienne, mais peut accepter que ceux qu'il considère comme ses égaux y participent au même titre que lui. L'idée première de démocratie se forme comme une aristocratie étendue : tous se considérant comme égaux entendent participer également au pouvoir de décision. Ensemble ils sont le *dèmos*. Le démocrate grec est un aristocrate égalitaire (égalitarisme mitigé d'ailleurs : les femmes, les esclaves en sont exclus). C'est bien la raison pour laquelle tous les termes qui nomment les fonctions de la citoyenneté sont des termes qui désignent un pouvoir de décision. Aristote en est parfaitement conscient : il définit le citoyen comme celui qui « exerce une magistrature »[3]. Le citoyen est

1. Cela ressemble d'assez prêt au Conseil de sécurité des Nations Unies.
2. Pour un aperçu sur cette notion et quelques indictions bibliographiques, voir B. Bernardi, *La démocratie*, Paris, GF-Flammarion, 1999.
3. Aristote, *Les Politiques, op. cit.* ; notamment le livre III, chap. I et IV.

*archôn;* littéralement : il exerce un pouvoir de commander, de prendre des décisions impératives. L'assemblée, en toute rigueur, est la réunion des gouvernants. Ce n'est pas la délibération qui y donne le pouvoir de décision, c'est le pouvoir de décision dont chacun dispose qui va se mettre en œuvre comme délibération. *La délibération est la forme sous laquelle le pouvoir de décision s'exerce lorsqu'il est partagé. La démocratie est le partage de la décision par la délibération.*

On peut définir cette notion grecque de la démocratie comme autogouvernement. Certes, elle suppose d'avoir en commun ce que nous appelons des valeurs : « l'avantageux et le nuisible et par suite le juste et l'injuste... Une cité repose sur la communauté de telles notions »[1]. Mais les fins communes sont données par la nature des choses et plus encore celles de l'homme, elles ne sont pas objet de délibération. La délibération ne porte pas sur la détermination des fins, tout au plus sur leur compréhension, essentiellement sur les moyens les plus propres à les réaliser.

Cette caractéristique est également vérifiée par les délibérations de chaque homme dans la conduite de sa propre existence. L'*Éthique à Nicomaque* est à cet égard cohérente avec *Les politiques*. On notera d'ailleurs que toutes les catégories dans lesquelles la décision personnelle sont pensées sont d'abord des catégories politiques. L'homme qui délibère est en quelque sorte réuni en assemblée avec lui-même et doit parvenir à une décision en tenant compte de celles que lui dictent ses passions, ses désirs rationnels, comme les jugements de sa raison. Platon, dans *La République* déjà, avait pensé le gouvernement de soi sous les espèces de la tyrannie, de la démocratie ou du gouvernement royal. Il y a là plus qu'une métaphore. Si l'on a, à juste titre, souligné que les Grecs ne disposent pas de la catégorie moderne du sujet, c'est dans l'ordre politique à coup sûr qu'ils s'en sont le plus approchés[2]. L'importance, autant morale que politique, accordée à la catégorie du tyran s'explique par là. La tyrannie

---

1. *Les Politiques*, liv. I, chap. II ; trad. J. Tricot, Paris, Vrin, p. 29.
2. Outre les ouvrages déjà cités de M. Foucault et M. Senellart, est essentielle pour cette question l'œuvre de J.-P. Vernant.

antique est par prémonition l'enfer du sujet autonome. Le tyran est essentiellement déréglé : être monstrueux, il ne reconnaît pas les fins que la nature assigne à tous les hommes (c'est l'homme des désirs déréglés) ; aveuglé par ses passions, il est incapable d'ordonner les moyens aux fins (cet anti-technicien est inefficace et gaspilleur) ; gouvernant arbitrairement, il ne forme aucune constitution.

Précisément, parce qu'elle se fonde sur la représentation d'un sujet autonome (qui ne peut admettre comme normes constitutives d'un devoir que celles que le jugement de sa conscience lui fait reconnaître), la modernité ne peut se borner à concevoir la démocratie comme autogouvernement mais doit la penser comme autoinstitution. C'est ce que nous avons reconnu comme principe du pouvoir constituant. Ne peuvent être tenues comme normes communes que celles qui sont posées par une décision collective. Le domaine de la délibération s'étend par là de façon remarquable : il ne s'agit plus seulement, en délibérant, de déterminer quels moyens choisir pour parvenir à réaliser les fins communes de la cité mais bien, en premier lieu, de définir les fins que la collectivité reconnaît pour siennes. La distinction entre législation et gouvernement trouve sans doute là sa première nécessité.

Cette profonde mutation du domaine de la délibération politique s'accompagne nécessairement d'une transformation aussi importante du concept de la décision qui la fonde. On a vu que c'était par le partage du pouvoir de décider que la délibération venait à la décision politique. La décision était alors conçue comme commandement et choix des moyens. Dès lors que la délibération porte sur les fins elles-mêmes, le pouvoir de décision est puissance normative. Celui qui décide ne peut simplement être pensé comme indépendant (l'indépendance étant le fait de ne pas relever du commandement d'autrui). Il faut aussi qu'il soit autonome, c'est-à-dire en mesure de se donner ses propres normes. L'exercice de son pouvoir de décision ne trouvera pas son effectivité dans l'obéissance au commandement, mais dans la réalisation des choix normatifs issus de la délibération[1].

La question de la délibération change alors profondément de nature… Penser le pouvoir de décision comme autonomie, c'est nécessairement penser la démocratie comme autonomie partagée. *Le concept moderne de la démocratie n'est pas seulement celui de l'autoinstitution de la société, c'est aussi celui du partage de l'autonomie. Et c'est à la délibération sur les fins communes d'en assurer l'effectivité.*

### La délibération comme partage de la décision

La nécessité de partager la décision est ce qui donne lieu à la délibération. Sommes-nous par là plus avancés pour savoir ce que sera le processus même de la délibération? Il faut avant d'aborder cette question rappeler ce que nous avons acquis.

Nous l'avons d'abord montré: la décision politique est cette volonté qui se fait valoir auprès d'autres volontés comme volonté devant être obéie. Plus que le rapport à son objet, c'est son rapport à d'autres volontés qui définit le statut de la volonté qui décide: la décision politique est cette volonté qui requiert le consentement. Parce que le consentement n'est pas la simple exécution d'un ordre mais la reconnaissance d'une autorité, la décision politique revêt un caractère instituant. C'est ce qui nous a fait, dans un second moment, définir la décision politique comme pouvoir constituant. Le pouvoir constituant nous est apparu comme pouvoir d'autoinstitution de la société: à la fois pouvoir de poser des normes et de former l'ordre politique à l'intérieur duquel ces normes sont valides. C'est ce que, par une autre voie, nous venons de retrouver, en montrant comment le concept de la démocratie, formé sur l'idée de pouvoir de décision partagé, se définit d'abord comme autogouvernement, ensuite

---

1. Toute l'ambiguïté de la notion de souveraineté tient à ce que c'est en son sein que ces mutations se sont opérées. Restée attachée à une conception de la décision comme commandement, elle donne la figure classique de l'absolutisme; intégrant sa mutation en puissance de normation, elle prend la figure de la volonté générale chez Rousseau; cherchant à résorber la seconde sous la première, elle donnera le décisionnisme schmittien.

comme auto-institution. La délibération est alors le titre sous lequel il faut penser l'exercice du pouvoir partagé de décision. La question que nous devons nous poser est donc de savoir comment une volonté se présente à d'autres en tant qu'elles sont porteuses l'une et l'autre du pouvoir de décider.

Le premier fait à prendre en compte est manifestement la pluralité des volontés. Ces volontés, dans la mesure même où elles sont l'expression d'un pouvoir de décider, n'ont pas la structure de simples volitions (vouloir une chose) mais bien d'une décision (vouloir qu'une chose soit voulue par ceux à qui la décision est intimée). Elles ne peuvent pas non plus être pensées simplement comme des commandements : le fait même de délibérer de la décision à prendre implique de reconnaître aux volontés avec lesquelles on délibère un égal pouvoir de décider, donc de renoncer à leur commander. C'est donc un rapport très spécifique des volontés entre elles que requiert la délibération.

Une rapide différenciation entre une simple discussion et une délibération politique peut nous aider à le caractériser. Dans une discussion ordinaire la pluralité des opinions exprimées peut renvoyer à deux types fondamentaux d'énonciations : les énoncés qui se veulent indicateurs de vérités, ceux qui signifient une préférence[1]. Les premiers peuvent être de modalité infiniment variée : affirmer que tel fait est avéré, que telle mesure serait juste ou injuste, que tel raisonnement est concluant, etc. La discussion consistera alors en un échange d'arguments. L'horizon d'une telle discussion argumentative est de parvenir à un accord consistant en la reconnaissance commune de la vérité de tel ou tel énoncé qui sera conforme à l'une des opinions initialement exprimée ou, au contraire, résultera de leur correction réciproque. Les seconds énoncés, avons-nous dit, sont signi-

1. Cette distinction peut être refusée : on peut tenter de montrer que tout énoncé de vérité est dans son fond expression de préférence ou, inversement, que tout énoncé de préférence peut se ramener à un énoncé de vérité. Décisive par ailleurs, la distinction de ces orientations n'est pas déterminante pour ce moment de notre analyse.

fiants d'une préférence : il ne s'agit pas seulement de tout ce qui relève du goût (le plaisir pris à telle ou telle chose ou activité) mais plus largement de tout ordre de priorité que l'on peut établir dans la considération de son existence. Ils seront alors essentiellement indicateurs du système de valeurs de celui qui les émet. L'horizon de la discussion sera l'explicitation et la confrontation de ces préférences. Le consensus ou le dissensus dont il peuvent être l'objet donneront simplement lieu à un constat. Le fait qu'ils soient énoncés « dans le cadre d'une simple discussion » différencie ces énoncés de préférence d'une décision personnelle (ils valent alors pour soi) ou politique (on les fait valoir comme émanant d'une autorité valant pour d'autres volontés). C'est la décision qui fait d'une préférence une volonté.

Cette distinction naïve n'a d'autre but que de mettre en évidence la spécificité de la délibération politique. On peut parfaitement imaginer en effet, et c'est souvent le cas, que les mêmes énoncés puissent figurer dans une simple discussion et dans une délibération politique. Pour le premier type d'énoncé on proposera : « les transports en commun sont socialement plus rentables que les véhicules privés » et pour le second : « le respect de l'environnement est plus important que la rapidité des déplacements ». Dans le cadre d'une « simple discussion », qui pourra être celle de gens du commun comme un débat entre économistes, le premier donnera lieu à échange d'arguments, visant à vérifier ou contredire la thèse avancée, le second conduira à mettre en évidence les « choix d'existence » dont sont porteurs son acceptation ou son refus. Nous importe ici le changement de statut qu'opère le seul fait qu'ils interviennent dans le cadre d'une délibération politique.

Si, dans le cadre des délibérations de l'assemblée nationale par exemple, un député pose l'un ou l'autre de ces énoncés, leur signification change du tout au tout. Pour commencer, l'horizon des décisions à prendre (choix d'investissement, réglementations) fera apparaître les conséquences induites comme constituant la véritable portée de ce qui sera alors considéré comme leurs prémisses : rapports entre équipements publics et initiative privée, développement ou récession de tel secteur industriel, effets sur l'emploi, satisfaction ou non de telle catégorie sociale, etc. C'est une dimension inscrite dans le caractère exécutoire de la décision politique. Qu'il y ait là un biais susceptible de faire passer au second plan la vérité des énoncés, aussi bien que les valeurs en jeu, est bien connu; il n'empêche, le conséquentialisme est nécessairement inscrit dans toute démarche décisionnelle. Par là même, et c'est le second point, la dimension préférentielle investit l'espace entier de la délibération politique. À supposer, par exemple, que la plus grande rentabilité (grossièrement définie comme rapport de l'investissement au service rendu) des transports en commun soit établie, les conséquences à en tirer sont encore suspendues à l'ordre des priorités établi entre production de richesses et satisfaction des besoins, modes de vie (individuel ou communautaire) induits, etc. La décision politique dans un cadre délibératif se jouera alors comme établissement d'un ordre préférentiel : c'est ce que traduit et trahit à la fois l'inflation de la référence à la notion de priorité dans le vocabulaire de la décision politique. De là un autre effet bien connu du processus de la délibération politique. Il ramène l'énoncé de vérité à l'énoncé de préférence. L'argumentation cherchant à établir le premier, l'expression des motivations du second seront confondues. *Que veut-il faire valoir ?* sera la question en fonction de laquelle sera jaugée toute argumentation. Enfin, et c'est peut-être le plus important, l'opinion exprimée dans le cadre d'une délibération tient son autorité du pouvoir de décision de celui qui l'émet. C'est lui qui lui donne le droit de l'exprimer. C'est lui surtout qui en fixe la portée : la vérité énoncée ou la préférence exprimée ont virtuellement valeur de décision. Elles sont constitutives d'une obligation pour ceux qui seront soumis à la décision prise. La *voix* exprimée n'est ni constative, ni préférentielle, ni même porteuse d'une décision personnelle, elle est constitutive d'une loi, donc aussi d'un commandement. C'est le caractère de la décision que le processus de la délibération peut envelopper, voire masquer, en aucun cas supprimer.

On remarquera au passage que, dans l'horizon démocratique, le pouvoir de décision dont chaque citoyen est détenteur devrait faire que la simple discussion elle-même prenne les caractères de la délibération politique. C'est ce qu'on appelle communément une discussion politique. Que les « simples discussions» prennent, ou non, ce caractère de discussion politique est un indice assez sûr de la vitalité plus ou moins grande d'une démocratie.

Trois dimensions de la décision politique apparaissent ainsi clairement au prisme de la délibération, que celle-ci traite très inégalement : une dimension cognitive, une dimension préférentielle, une dimension décisionniste.

La dimension cognitive de la décision peut être entendue de façon extensive. Décider sera alors le fait de celui qui sait ce qui est et ce qui doit être. Platon a depuis longtemps mis en scène cette conception, dans *La République*. C'est la figure du philosophe roi. Elle disqualifie d'emblée le modèle délibératif de la prise de décision et par là même de la démocratie. Le dialogue désintéressé qui cherche à établir la vérité est un contre modèle s'opposant à la dispersion des préférences passionnelles dans la démocratie, ou au passage en force tyrannique. Cette figure semble éloignée de nous. Elle perdure cependant sous une forme plus restrictive : celle de l'expertise. On distingue alors ce qui, dans la décision, relève de la vérité et ce qui relève de la préférence. L'expert statuera sur l'un, la délibération sur l'autre. On demande des rapports aux experts, les politiques prennent des décisions. On voit cependant que la distinction des deux domaines est mobile : plus on étend le domaine de l'expertise, plus on restreint le pouvoir délibératif de décision. En tout cas le processus délibératif, et donc la décision partagée démocratique, font mauvais ménage avec ce modèle cognitif. Pour qu'il en soit autrement, il faudrait mettre en évidence une dimension spécifiquement rationnelle de la délibération politique.

La dimension décisionniste de la décision politique ne paraît pas pouvoir trouver une meilleure satisfaction dans la délibération. Les procès de l'anarchie démocratique, de l'impuissance parlementaire, de la dilution des responsabilités, ne sont plus à faire. Emblématique en est ce sous-titre du film *Octobre*, d'Eisenstein, montrant, face à la crise de 1917, l'inertie du gouvernement menchevik : « Et pendant ce temps, le gouvernement… délibère ». Carl Schmitt, presque au même moment, dans *Parlementarisme et Démocratie*, opposait le « gouvernement par discussion » à l'exercice véritable du pouvoir constituant du peuple qui trouverait son modèle non dans la délibération mais dans l'acclamation[1]. Ce modèle « décisionniste » de la décision repose en fait sur un principe fort : le pouvoir de décision ne peut pas faire l'objet d'un partage. Il faut donc que le sujet de la décision soit un, homogène. À la pluralité des sujets de la décision il oppose l'unité du sujet du pouvoir constituant. Cette conception semble également très éloignée de notre horizon. Pourtant, il convient de remarquer que la logique du consensus, comme recherche d'une unité de vue des titulaires du pouvoir constituant, est porteuse de la même exigence de l'unicité du sujet de la décision. Que le constat de ce consensus soit recherché sous les modalités du sondage, de l'enquête d'opinion ou du plébiscite marque bien d'ailleurs combien cette logique est étrangère à l'idée de délibération.

C'est donc naturellement, si l'on peut dire, que le processus de la décision par délibération a été pensé sur un modèle préférentiel. Mettant à l'écart le modèle cognitif, parce que l'établissement d'une vérité reconnue par tous serait chose impossible, et le modèle décisionniste, parce que l'autonomie de chaque individu doit être reconnue comme son droit à faire valoir ses propres préférences, le processus de la délibération devrait avoir pour fonction d'un côté de préserver un espace aussi étendu que possible à l'exercice individuel des choix préférentiels, de l'autre, pour la part nécessaire de décision collective, de mettre en place un système d'ordonnancement des priorités de chacun, donnant le maximum de satisfaction au maximum d'individus ou, dans les versions faibles, le minimum d'insatisfaction au minimum d'individus. Cette logique, nous l'avions évoquée pour com-

1. Les conceptions de Carl Schmitt sont examinées et discutées dans la seconde partie de cet ouvrage.

mencer, est celle des théories du choix social. Elle est aussi, sous une autre modalité, celle du gouvernement représentatif[1]. Sous la première forme, il n'est pas très difficile d'y voir une modalité affaiblie du modèle cognitiviste (les préférences sont des connaissances mal fondées) et il n'est pas très étonnant que ses tenants en viennent à disqualifier le modèle délibératif, au motif que les tentatives pour formaliser l'ordre des préférences individuelles aboutissent à des paradoxes : des préférences individuelles ne peuvent donner lieu à la détermination d'un choix collectif[2]. Il faudra donc recourir à une instance de décision supérieure. Sous des formes diverses, dans les dernières décennies, Platon est de retour. Les pratiques du gouvernement représentatif reposent, elles aussi, sur une conception de la délibération comme agrégation de préférences. Par le mécanisme de la représentation, les préférences individuelles sont amenées à la fois à l'expression et à la concrétion (par l'élection d'un représentant ou le vote en faveur d'un parti), les représentants ainsi désignés ayant en charge la décision proprement dite par la voie de la délibération. Ce modèle a cette double caractéristique de disjoindre l'expression préalable des préférences de la délibération qui la suit (est ainsi avalisé que le choix préférentiel échappe à toute discussion rationnelle), et de disjoindre l'expression des préférences (qui est le fait des électeurs) de la prise de décision (impartie à leurs représentants).

Il semble bien que la difficulté centrale à concevoir la délibération comme exercice partagé du pouvoir de décision tienne à ce que la volonté s'y dégrade en simple expression d'une préférence. La pratique du gouvernement représentatif y est pour beaucoup : le citoyen, loin d'être le sujet de décisions instituantes, apparaît comme celui dont on recueille l'opinion pour lui donner satisfaction. L'élection, ou plutôt la réélection, devenant la mesure d'un indice de satisfaction. L'occultation de la dimension cognitive de la décision, effet induit de la délibé-

---

1. Bernard Manin, *Les principes du gouvernement représentatif*, « Champs », Paris, Flammarion, 1996.

2. C'est la portée commune des théorèmes d'Arrow et de Sen, *op. cit.*

ration, n'y contribue-t-elle pas autant? Nous l'avons vu, la dimension préférentielle investit l'espace entier de la délibération politique. Or, pour se faire valoir comme volonté, une préférence ne doit-elle pas se donner et donner ses raisons?

Pour qu'il en soit autrement, il faudrait que le partage du pouvoir de décision puisse aussi, et à rebours de cette première tendance qu'il contient nécessairement, être principe moteur de la mutation de la préférence en volonté et, pour cela, initiateur d'une forme, proprement politique, de rationalité.

### Comment la rationalité vient à la délibération

Le modèle cognitiviste de la décision suppose, nous l'avons vu, une rationalité antérieure à la décision et qui la fonde (ce pour quoi la délibération y est disqualifiée); le modèle décisionniste, sous diverses formes, peut porter l'idée d'une rationalité imposée par la décision. C'est au contraire à l'idée d'une rationalité interne à la délibération qu'il s'agit de s'intéresser pour finir. Le partage du pouvoir de décision peut-il être un opérateur de rationalisation? C'est une idée à laquelle on peut donner consistance de plusieurs manières, on les caractérisera brièvement.

Platon, dans le *Gorgias*, comparait la démocratie à un tribunal d'enfants devant choisir, d'un cuisinier ou d'un médecin, qui lui donnera le bon régime. Le partage par tous du pouvoir de décider est une impossibilité parce que la décision requiert des compétences que tous n'ont pas. Aristote lui répond qu'une compétence est nécessaire pour gouverner, et que la masse en est détentrice[1]. Ce n'est pas un savoir que chacun aurait mais que tous ont ensemble. La décision est choix. Que faut-il savoir pour choisir? Aristote répond : l'effet qu'induira un choix. Or, celui qui use d'une chose sait, mieux que celui qui la produit, ce qui lui convient :

> Dans certains domaines, le fabricant ne saurait être ni le seul ni le meilleur juge. [...] Connaître d'une maison, par exemple, ce n'est pas seulement le fait de celui qui la construit, mais celui qui s'en sert en juge mieux que lui, [...] et dans le cas du festin c'est le convive et non le cuisinier qui jugera le mieux.

1. *Les Politiques*, *op. cit.*, liv. III, chap. XI; trad. J. Tricot, Paris, Vrin, p. 11.

La rationalité de la décision commune est ici envisagée comme déterminée par son objet : l'utilité commune. C'est en quelque sorte à la rationalité de l'usager que fait appel Aristote, et c'est en fait une idée très moderne.

Mais, à côté de cette rationalité substantielle dont le peuple est crédité, on peut en envisager une autre qui naîtrait du processus même de la délibération. La confrontation de la pluralité de volontés ayant à prendre en commun des décisions, ne porte-t-elle pas en elle la nécessité de l'argumentation contradictoire, de la justification des fins, de la pesée et de l'évaluation des moyens ? C'est la thématique centrale du parlementarisme : le débat public et contradictoire est le milieu même dans lequel, toute décision, devant être justifiée, sera contrainte à la rationalité [1]. Mais c'est Jürgen Habermas qui a le plus fait pour développer cette direction de pensée, en lui donnant une autre assise [2].

Pour Habermas, dont la pensée est en large part conçue comme une réponse à Schmitt, la démocratie n'est pas seulement compatible avec le modèle d'un gouvernement par discussion, et avec les exigences de l'État de droit, elle en est inséparable. La pensée démocratique se trouve, dit-il, confrontée à un défi : fonder l'ordre politique, qui ne peut plus avoir de fondement transcendant, ou même naturel, sur un principe qui résiste pourtant à « la négation empiriste de toute légitimité ». Là où aucune norme préexistante ne peut être invoquée pour légitimer les décisions, c'est la procédure décisionnelle elle-même qui doit être fondement de légitimation : « C'est le processus démocratique qui porte toute la charge de la légitimation. Il lui faut assurer à la fois l'autonomie privée et l'autonomie publique des sujets du droit ». La procédure même de la délibération permet de répondre à cette exigence, par ce qu'Habermas appelle le « prin-

1. La formulation la plus classique est donnée par Guizot dans son *Histoire des origines du gouvernement représentatif en Europe* (1851). Voir B. Manin, *Les principes du gouvernement représentatif, op. cit.*, et P. Rosanvallon, *Le moment Guizot*, Paris, Gallimard, 1988.

2. J. Habermas, *Droit et démocratie : entre faits et normes*, trad. R. Rochtlitz et C. Bouchindhomme, Paris, Gallimard, 1997, p. 485-487.

cipe de discussion » : le fait même d'être dans la position de celui qui prend part à une délibération décisive implique de se reconnaître et de reconnaître à autrui l'autonomie du jugement, implique par conséquent de ne se soumettre et de n'exiger d'autrui qu'il se soumette qu'à des raisons qu'un sujet autonome puisse admettre. De proche en proche c'est ainsi à une déduction des conditions logiques, communicationnelles et juridiques de la décision comme délibération que se livre Habermas.

Mais c'est à une compréhension un peu différente de cette même idée, même si elle n'est pas contradictoire, que nous voudrions consacrer le dernier moment de cette réflexion. Chercher à asseoir, comme le faisait Aristote, la rationalité de la décision politique sur le discernement de l'utilité commune, c'était (dans le cadre de pensée dont nous avons vu qu'il était le sien) renvoyer au discernement de ce qui par nature constitue la fin naturelle de l'homme. Entreprendre de fonder, comme le fait Habermas, la rationalité du débat public sur la procédure de la discussion, c'est renvoyer à une conception logique de la rationalité. Nous avons, sous des formes différentes, substantielle d'une part, formelle de l'autre, affaire à des figures de l'universalité. N'y a-t-il de rationalité que sous la condition de l'universalité ? C'est une question qui dans toute son extension mérite d'être examinée. On l'abordera ici sous un angle beaucoup plus déterminé : quelle est la figure de la rationalité à laquelle on a affaire de l'intérieur même de la problématique de la délibération ?

Pour aborder cette question, il faut, une fois de plus, revenir à la notion même de décision politique. Prendre une décision c'est donner à sa volonté la forme d'une loi, c'est-à-dire d'une volonté valant pour d'autres volontés. La notion même de la démocratie implique l'identité de ceux qui décident et de ceux qu'ils obligent. On souligne communément la dimension de réciprocité que cela implique : ce que je décide pour les autres, je le décide pour moi-même aussi. C'est de ce point qu'est reparti John Rawls pour construire sa *Théorie de la justice comme équité*. Mais cette identité de celui qui décide et de celui que la décision oblige est d'un côté une condition formelle, de l'autre un résultat positif, juridique et politique. Il faut aussi considérer le processus que la volonté doit suivre pour se déterminer ainsi. Il n'implique pas la représentation d'une universalité (celle de ce qui serait valable pour moi parce que valable en soi), il implique seulement – et c'est déjà beaucoup – une opération de généralisation.

Donner à sa volonté la forme de la loi demande précisément de la généraliser. Cela signifie à la fois se représenter soi-même non comme un individu mais comme le membre d'une communauté, et de se représenter cette communauté comme ayant une existence commune, donc des fins communes. C'est ce processus de généralisation que nous évoquions de façon concrète en montrant la façon dont la perspective de la décision transformait « une simple discussion » en « discussion politique ». Le pouvoir partagé de décision qui est celui du membre d'une société démocratique, du sujet du pouvoir constituant, n'est pas seulement un droit dont il est titulaire, mais un mode d'existence qui détermine son rapport aux autres, et avant cela son rapport à lui-même. On pourrait montrer, mais là n'est pas notre objet ici, que c'est ainsi qu'il faut comprendre le statut de la volonté générale chez Rousseau : avant tout un processus de généralisation par lequel la volonté se généralise. La généralisation de la volonté est très exactement l'effet de rationalité produit par l'exercice du pouvoir partagé de décision. Encore faut-il, mais c'est là une autre affaire, que ce pouvoir de décision soit un véritable pouvoir de vouloir et non un simulacre derrière lequel est requis le consentement. À ce prix, le pouvoir de décision politique n'est rien d'autre que le titre de l'autonomie.

# TEXTE ET COMMENTAIRE

# TEXTE

## CARL SCHMITT
### *Le pouvoir constituant* [1]

## I

*Le pouvoir constituant est la volonté politique dont le pouvoir ou l'autorité* [2] *sont en mesure de prendre la décision globale concrète sur le genre et la forme de l'existence politique propre,* autrement dit déterminer l'existence de l'unité politique dans son ensemble. C'est des décisions de cette volonté que pro-

1. *Théorie de la constitution (Verfassungslehre),* chap. VIII, Berlin, 1928; rééd. Berlin, Dunker & Humblot, 1989; trad. Lilyane Deroche, Paris, P.U.F., 1993, p. 211-223. Les références internes à l'ouvrage ont été supprimées. Quelques coupures pratiquées sont indiquées par des crochets: on a donné un résumé succinct des passages omis (B. Bernardi).

2. La suite de cet exposé sur la théorie constitutionnelle ne nécessite pas une distinction plus poussée entre pouvoir (*Macht*) et autorité (*Autorität*); néanmoins, en raison de sa grande importance pour la théorie générale de l'État, évoquons-la brièvement. Le pouvoir (par définition toujours réel) correspond à des notions comme souveraineté et majesté; l'autorité au contraire caractérise une considération qui repose pour l'essentiel sur le facteur de la continuité et renvoie à l'idée de tradition et de durée. Les deux facteurs, pouvoir et autorité, sont actifs et vivants côte à côte dans tout État. L'opposition classique se trouve là encore dans le droit public romain: le Sénat détenait l'*auctoritas,* mais c'était du peuple que procédaient *potestas* et *imperium.* [...] (C. Schmitt).

*[C. Schmitt poursuit en montrant que cette opposition rend compte, historiquement, dans l'Antiquité de l'évolution politique de l'empire romain, au Moyen Âge de la relation entre papauté et empire, dans la modernité du statut confus des institutions internationales (Société des Nations, Cour internationale de La Haye...) (B. Bernardi)].*

cède la validité de toutes les prescriptions ultérieures des lois constitutionnelles. Ces décisions en tant que telles sont qualitativement différentes des normations legisconstitutionnelles prises sur son fondement.

1) Une constitution ne repose pas sur une norme dont la justesse serait la raison de sa validité. Elle repose sur une décision politique émanant d'un *être* politique sur le genre et la forme de son propre être. Le mot de « volonté » définit la nature essentiellement *existentielle* de ce fondement de la validité, par opposition à toute dépendance envers une justesse normative ou abstraite.

> Le pouvoir constituant est une volonté politique, c'est-à-dire un être politique concret. Le dilemme de philosophie générale du droit – une *loi* est-elle par essence un *ordre* (donc une volonté) ou une *norme* (c'est-à-dire rationalité et justesse) – revêt une importance capitale pour la notion de loi, au sens de l'État de droit. Même si la *constitution* doit être conçue comme un *acte de volonté*, cela ne résout pas définitivement cette question générale. Ce problème ne se ramène pas d'avantage à la vieille querelle métaphysique sans fin qui se répète sous les formes les plus diverses dans les différents domaines de la pensée humaine : quelque chose est-il bon et juste parce que Dieu le veut, ou Dieu le veut-il parce que c'est bon et juste ? cf. quelques exemples chez Gierke, *Althusius*, n. à la p. 14. Sans même savoir si la loi en général est par essence ordre ou rationalité, on peut dire que la constitution est nécessairement une décision et *que tout acte du pouvoir constituant* est nécessairement un *ordre*, un « acte impératif » comme le dit Boutny, p. 241.

2) Du point de vue de son contenu, une *loi* constitutionnelle est la caractérisation normative de la volonté constituante. Elle n'existe qu'à la condition préalable et sur le fondement de la décision politique globale contenue dans cette volonté. Si des normes particulières sont ajoutées à la « constitution », cela ne représente qu'une technique juridique : protéger des révisions grâce à une rigidité accrue.

3) de même qu'édicter un règlement d'organisation n'épuise pas le pouvoir d'organisation de celui qui a haute main sur

l'organisation et le pouvoir d'organisation, de même édicter une constitution ne peut en aucun cas épuiser, absorber ou consommer le pouvoir constituant. Le pouvoir constituant n'est pas abrogé ou évacué parce qu'il s'est exercé une fois. La décision politique que représente la constitution ne peut pas agir en retour sur son sujet et supprimer son existence politique. Cette volonté continue à exister à côté de la constitution et au-dessus d'elle. Tout véritable conflit constitutionnel qui porte sur les fondements mêmes de la décision politique globale ne peut donc être tranché que par la volonté du pouvoir constituant lui-même. Même une éventuelle lacune de la constitution ne peut être comblée que par un acte du pouvoir constituant – à la différence des obscurités ou des divergences d'interprétation des *lois* constitutionnelles dans le détail; tout cas imprévu dont la solution touche à la décision politique fondatrice doit être tranché par le pouvoir constituant.

4) Le pouvoir constituant est un et indivisible. Ce n'est pas un pouvoir supplémentaire qui coexiste avec d'autres « pouvoirs » distincts (législatif, exécutif et judiciaire). Il fonde en les englobant tous les autres « pouvoirs » et « séparation des pouvoirs ».

> La confusion entre constitution et loi constitutionnelle a produit une confusion entre le pouvoir constituant et la compétence de révision législationnelle, ce qui conduit souvent à ranger cette compétence sous le nom de *pouvoir constituant*[1] à côté d'autres *pouvoirs*.

II
Le sujet du pouvoir constituant

1) Pour la conception médiévale, seul Dieu a une *potestas constituens* – du moins dans la mesure où l'on parle d'un pouvoir constituant. La phrase « tout pouvoir (ou toute souveraineté) vient de Dieu » (*Non est enim potestas nisi a Deo*, Épître aux Romains, 13, 1) signifie le pouvoir constituant (*konstituierende Gewalt*) de Dieu. Même la littérature politique de l'époque de la

---

1. En français dans le texte (N. d. T.).

Réforme s'y tient ferme, surtout la théorie des monarchomaques calvinistes.

> Althusius, *Politica*, chap. XVIII, 93 et XIX, 19 *sq.* Déjà chez Althusius le *peuple* a une *potestas constituta*. La sécularisation de la notion de pouvoir constituant (*konstituieren*) n'apparut que plus tard. Mais on ne peut se permettre en aucun cas d'assimiler – comme le faisait Gierke dans son célèbre ouvrage sur Althusius – les idées d'un calviniste convaincu comme Althusius avec celles d'un déiste romantique comme Rousseau.

2) Pendant la Révolution française Sieyès a élaboré la théorie du *peuple* (ou plus précisément de la *nation*) comme sujet du pouvoir constituant. Au XVIII<sup>e</sup> siècle, le monarque absolu n'est pas encore désigné comme sujet du pouvoir constituant, mais uniquement parce que l'idée d'une décision globale libre, prise par des hommes, sur le genre et la forme de l'existence politique ne pouvait encore que progressivement devenir une réalité politique. Les survivances des idées du pouvoir constituant de Dieu issues de la théologie chrétienne étaient encore trop fortes et vivaces au XVIII<sup>e</sup> siècle malgré les Lumières. La Déclaration d'indépendance américaine et la Révolution française marquent en ce domaine le début d'une nouvelle époque – peu importe de savoir à quel point les auteurs de ces grands précédents furent conscients de la portée de leur geste. Dans les déclarations d'indépendance américaine de 1776, on ne peut pas encore reconnaître avec une parfaite clarté ce principe tout nouveau parce qu'il s'agissait de la création d'une nouvelle entité politique et que l'acte constituant coïncida avec la fondation politique d'une série de nouveaux États [...].

*[ Les révolutions américaines ne produisent pas la théorie constitutionnelle qui les sous-tend, ce que fait par contre Sieyès pour la Révolution française (B. Bernardi)].*

D'après cette nouvelle théorie, c'est la *nation* qui est le sujet du pouvoir constituant. Nation et peuple sont souvent employés comme notions interchangeables, mais le mot de « nation » est plus frappant et prête moins à confusion. Il désigne en effet le peuple en tant qu'unité capable d'action politique, avec la conscience de sa spécificité politique et la volonté d'exister politiquement, tandis que le peuple qui n'existe pas comme nation ne représente qu'un groupement humain dont la cohésion peut être ethnique, culturelle, mais pas nécessairement *politique*. La théorie du pouvoir constituant du peuple présuppose la volonté consciente d'exister politiquement, donc une nation. Historiquement, ce ne fut possible qu'à partir du moment où la monarchie absolue eut fait de la France une unité étatique dont l'existence fut toujours présupposée comme une évidence, malgré toutes les successions de constitutions et de révisions constitutionnelles. Le peuple français trouva sa forme de nation d'abord dans son existence politique. Le choix conscient d'un certain genre et forme de cette existence, l'acte par lequel « le peuple se donne une constitution » présuppose donc l'État dont on fixe le genre et la forme. Mais pour l'acte lui-même, pour l'exercice de cette volonté, il ne peut y avoir aucune règle de procédure, pas plus que pour le contenu de la décision politique. « Il suffit que la Nation le veuille » : cette phrase de Sieyès est la définition la plus claire de la nature de ce processus. Le pouvoir constituant n'est pas lié à des formes juridiques et à des procédures ; il est « toujours à l'état de nature » lorsqu'il apparaît dans cette qualité inaliénable.

C'est sur le pouvoir constituant que reposent toutes les attributions et compétences constituées conformément à la constitution (*verfassungsmässig konstituiert*). Mais lui-même ne peut jamais se constituer par des lois constitutionnelles (*verfassungsgesetzlich konstuieren*). Le peuple, la nation reste l'origine de tout événement politique, la source de toutes les énergies qui s'extériorise dans des formes toujours nouvelles, qui produit de son sein des formes et des organisations toujours nouvelles, mais qui ne soumet elle-même jamais son existence politique à une mise en forme définitive.

Plusieurs textes de Sieyès établissent comme une analogie métaphysique entre le « pouvoir constituant » dans son rapport avec tous les « pouvoirs constitués », et la *natura naturans* dans ses rapports avec la *natura naturata* d'après la théorie de Spinoza : c'est une source originelle inépuisable de toutes les formes, qui elle-même ne peut être appréhendée par aucune forme, qui tire sans cesse de son sein de nouvelles formes, qui sans forme constitue toutes les formes (Cf. C. Schmitt, *Die Diktatur*, p. 142). Il est pourtant nécessaire de distinguer la théorie positive du pouvoir constituant, partie intégrante de toute théorie de la constitution, et celle de cette métaphysique panthéiste : ces deux constructions ne sont absolument pas identiques. La métaphysique de la *potestas constituens* comme analogue de la *natura naturans* relève de la théorie de la théologie politique.

[...]

Sieyès a associé la théorie démocratique du pouvoir constituant du peuple (qui se dressait contre la monarchie absolue en place) et la théorie antidémocratique de la *réprésentation* (*Repräsentation*) de la volonté populaire par l'Asssemblée nationale constituante. La constitution fut donc formulée par la seule assemblée nationale – et ni par le peuple, ni par le roi. En démocratie il aurait été plus logique de laisser le peuple décider lui-même : la volonté constituante du peuple ne peut en effet pas être représentée sans transformer la démocratie en aristocratie. Mais en 1879, il ne s'agissait pas de produire une démocratie, mais une constitution libérale d'État de droit bourgeois. [...]

*[Le roi et l'assemblée constituante luttaient pour savoir qui serait le véritable « représentant » de la nation. Dans cette lutte, le pouvoir constituant du peuple est plus méconnu que reconnu (B. Bernardi)].*

3) Pendant la Restauration monarchique, 1815-1830, le roi est le nouveau sujet du pouvoir constituant. En vertu du « principe monarchique », la plénitude de la puissance publique reste entre ses mains, même s'il se soumet à l'approbation des ordres pour l'exercice de certains droits dans un domaine limité. La théorie d'un pouvoir constituant du roi a été occasionnellement évoquée à l'assemblée nationale constituante de 1789,

sans rencontrer de succès. Mais lors de la Restauration il devint indispensable pour la théorie d'opposer un pouvoir constituant du roi au pouvoir constituant du peuple – qui avait été clairement affirmé par la Révolution française.

La position de la monarchie était d'ailleurs particulièrement difficile à ce sujet sur le plan théorique. Transposer sans modification à la monarchie – qui plus est, héréditaire – la théorie démocratique du pouvoir constituant du peuple, c'était au fond un simple moyen de défense, qui n'était possible que comme antithèse artificielle. Car la nation peut changer de forme d'existence et se donner des formes toujours nouvelles d'existence politique; elle a une entière liberté d'autodétermination politique, elle peut être « l'informe qui donne une forme » (*formlos Formende*). En revanche, la monarchie héréditaire est une *institution* liée à l'ordre de succession d'une famille, en soi déjà formée. À la différence du peuple et de la nation, une dynastie ne peut pas être considérée comme l'origine de toute la vie politique.

4) L'organisation d'une « minorité » peut aussi être le sujet du pouvoir constituant. L'État prend alors la forme d'une *aristocratie* ou d'une *oligarchie*. Néanmoins, l'expression de « minorité » prête à confusion parce qu'elle provient des idées de proportionnalité et de statistique des méthodes démocratiques modernes et présuppose une minorité analogue à un parti. Une minorité électorale ne peut naturellement pas être le sujet du pouvoir constituant, pas plus qu'un parti au sens moderne d'une association de personnes reposant sur la « libre adhésion » (*freie Werbung*). Mais une organisation fixe en tant que telle peut prendre les décisions politiques fondamentales sur le genre et la forme de l'existence politique – *i. e.* donner une constitution – sans se réclamer de la volonté de la majorité des citoyens. Cette organisation peut être un cercle de certaines *familles* – comme les aristocraties de l'Antiquité et du Moyen Âge – ou un *ordre* (*Orden*), ou un autre groupe formé en soi. Le XIXᵉ siècle ne connaît pas de tels exemples de pouvoir

constituant. Au xxᵉ siècle, la domination des soviets (*Räte*) en Russie, associés à l'organisation communiste, et la domination du Fascio en Italie sont des éléments de nouvelles formes aristocratiques. Mais leur construction théorique et pratique n'est pas encore claire et ne renonce pas définitivement à invoquer la volonté du peuple : pour que celui-ci puisse s'exprimer authentiquement et sans falsification, il faut d'abord en créer les conditions. Leur régime est donc là encore une dictature, au sens où ce n'est qu'une phase de transition qui laisse pendante la décision définitive sur le genre et la forme de l'existence politique. Les seules décisions définitives ici sont le refus de la méthode *libérale* de la décision à la majorité après un vote paritaire secret de tous les citoyens, et le refus des principes de l'*État de droit bourgeois* (droits fondamentaux et distinction des pouvoirs). De ce point de vue nous nous trouvons ici devant un acte constituant.

### III
### Exercice du pouvoir constituant

1) Il ne peut exister de méthode réglementée à laquelle l'exercice du pouvoir constituant serait tenu.

2) L'exercice du pouvoir constituant du monarque se réglemente lui-même très simplement du fait que la monarchie absolue est une institution existante. Nous avons donc ici déjà une organisation constituée. Cela représente un avantage en théorie et en pratique : une entité fixe est donnée dont les manifestations de volonté sont claires. Mais les faiblesses en théorie et en pratique sont peut-être encore plus grandes. Car l'organisation et l'institution de la monarchie reposent sur le principe dynastique, c'est-à-dire la succession héréditaire à l'intérieur d'une même famille – donc absolument pas sur des notions spécifiquement politiques, mais sur des notions du droit de la famille [...].

3) Le peuple exerce son pouvoir constituant par n'importe quelle expression discernable de sa volonté globale directe qui porte sur une décision sur le genre et la forme de l'existence de

l'unité politique. La spécificité de ce sujet du pouvoir constituant soulève des questions et des difficultés particulières :

*a)* Le peuple en tant que titulaire du pouvoir constituant n'est pas une instance fixe, organisée. Il perdrait sa nature de peuple s'il s'institutionnalisait pour un fonctionnement quotidien et normal et pour l'exécution régulière des affaires publiques. De par son essence, le peuple n'est *pas* une magistrature, et, même dans une démocratie, jamais non plus une autorité constituée dotée d'une compétence. D'un autre côté, en démocratie le peuple doit être capable de décisions et d'actions politiques. Même s'il n'a une volonté décidée et exprimée clairement que dans des cas peu nombreux et décisifs, il est néanmoins capable d'une telle volonté, et en mesure de répondre oui ou non aux questions fondamentales de son existence politique. La force autant que la faiblesse du peuple tiennent au fait qu'il n'est pas une instance formée, dotée de compétences délimitées et exécutant les affaires publiques selon une procédure réglementée. Tant qu'un peuple a la volonté d'exister politiquement, il est au dessus de toute institutionnalisation et de toute normation. En tant que puissance non organisée, il ne peut pas non plus être dissous. Tant qu'il existe simplement et veut continuer à exister, sa force vitale et son énergie sont inépuisables et toujours capables de trouver de nouvelles formes d'existence politique. Sa faiblesse tient à ce que le peuple doit décider des questions fondamentales de sa forme et de son existence politiques sans être lui-même formé ou organisé. C'est pour cette raison que les manifestations de sa volonté peuvent être aisément méconnues, prises à contresens ou falsifiées. L'immédiateté de cette volonté populaire implique qu'elle puisse s'exprimer en dehors de toute procédure prescrite à l'avance. Aujourd'hui, dans la pratique politique de la plupart des pays, la volonté populaire est constatée par une procédure de vote individuel secret dans une votation ou une élection. Mais ce serait une erreur – et même une erreur antidémocratique – que de tenir ces méthodes du XIXe siècle sans autre forme de procès comme la norme définitive et absolue de la démocratie. La volonté populaire de se donner une constitution ne peut se prouver que par l'action et non par l'observation d'une procédure réglementée normativement. Elle ne peut naturellement pas non plus être jugée en fonction de lois constitutionnelles qui avaient cours précédemment ou jusqu'alors.

*b)* La forme naturelle de la manifestation directe de la volonté d'un peuple est le cri d'approbation ou de refus de la foule rassemblée, l'*acclamation*. Dans les grands États modernes, l'acclamation, la seule manifestation naturelle et nécessaire de tout peuple, a changé de forme. Elle s'exprime désormais en tant qu'« opinion publique ». Mais le peuple ne peut en général jamais dire que oui ou non, approuver ou refuser, et son oui ou son non deviennent d'autant plus simples et élémentaires qu'il s'agit d'avantage d'une décision fondamentale sur l'ensemble de sa propre existence. Dans les temps de calme et de paix, des prises de position de ce genre sont rares et non nécessaires. Dans ce cas, l'absence d'expression discernable signifie justement la continuation de l'adhésion à la constitution en place. En période critique, seul le non qui se dresse *contre* une constitution en place peut être clair et décidé en tant que négation, tandis que la volonté positive n'est pas aussi assurée. Pourtant, le plus souvent ce non implique directement l'affirmation d'une autre forme d'existence (politique) qui se présente aussitôt, contraire à la précédente. En novembre 1918, le peuple allemand a renié le principe monarchique qui avait cours jusqu'alors. Cela seul signifiait la république. Mais cela ne suffisait pas encore à trancher entre les différentes formes possibles de cette république – démocratie libérale bourgeoise (*bürger-rechtsstaatlich*) constitutionnelle ou république socialiste des soviets. Le non adressé à une république libérale pouvait à son tour prendre des sens différents selon les circonstances : retour à la monarchie, dictature, système soviétique ou toute autre forme politique. La volonté constituante du peuple ne s'exprime jamais que par un oui ou par un non fondamental, et prend ainsi la décision politique qui forme le contenu de la constitution.

*c)* La volonté constituante du peuple est une volonté directe. Elle se place avant et au-dessus de toute procédure fixée par des lois constitutionnelles. Aucune loi constitutionnelle et même aucune constitution ne peuvent conférer un pouvoir constituant et prescrire les formes de son exercice. La suite de la concrétisation et de la mise en forme de la décision politique prise par le peuple dans son immédiateté a besoin d'une certaine organisation, d'une procédure pour laquelle la pratique de la démocratie moderne a élaboré certaines pratiques et coutumes, que nous allons aborder maintenant.

4) La démocratie moderne a vu naître l'usage d'une assemblée nationale dite constituante, démocratique – c'est-à-dire élue d'après les principes du suffrage universel et égalitaire – reconnue comme procédure « démocratique ». Cet usage est en effet suivi lorsqu'une constitution est abrogée et qu'il faut en donner une autre. La convocation d'une « assemblée nationale constituante » n'est pourtant pas la seule procédure démocratique concevable. Les démocraties modernes ont d'ailleurs encore d'autres façons de concrétiser et de mettre en forme la volonté populaire constituante [...].

*[C. Schmitt envisage successivement quatre cas 1) une assemblée élue à cette fin promulgue d'elle-même une constitution (la volonté populaire est supposée s'être exprimée dans l'élection de l'assemblée), 2) la constitution, rédigée par une convention, est soumise à ratification populaire (referendum), 3) le cas d'un État fédéral, où la constitution est séparément approuvée par chacun des peuples ou États fédérés, 4) les plébiscites soumis à l'approbation populaire par une autre instance qu'une convention; l'exemple canonique est celui de Napoléon III (B. Bernardi)].*

# DÉCISIONNISME ET POUVOIR CONSTITUANT

## COMMENT CARL SCHMITT ?

Une réflexion sur la décision politique exige la prise en compte de l'œuvre de Carl Schmitt[1] : cela relève aujourd'hui de l'évidence. Il suffira pour s'en convaincre de constater la place centrale occupée dans les débats contemporains les plus critiques (sur l'ordre international ou la constitution européenne, par

---

1. Carl Schmitt (1888-1985), juriste, penseur du droit et de la politique, est une figure marquante de la vie intellectuelle sous la République de Weimar (1918-1933). En 1933, il se rallie aux nazis et reste jusqu'au bout impliqué dans les structures du régime. La biographie intellectuelle de C. Schmitt dont nous aurions besoin manque encore. On peut lire avec profit : Olivier Beaud, *Carl Schmitt ou le juriste engagé*, préface à la *Théorie de la Constitution*, Paris, P.U.F., 1993, et *Les derniers jours de Weimar*, Carl Schmitt face à l'avènement du nazisme, Paris, Descartes et Cie, 1997.

Les œuvres publiées en français sont, pour l'essentiel : *La Dictature* (1921), trad. M. Köller et D. Seglard, Paris, Seuil, 2000 ; *Théologie politique* (1922 et 1969), trad. J.-L. Schlegel, Paris, Gallimard, 1988 ; *Parlementarisme et démocratie* (1923), trad. J.-L. Schlegel, Paris, Seuil, 1988 ; *La notion de politique* (1927), trad. M.-L. Steinhauser, Paris, Calman-Lévy, 1972, rééd. « Champs », Paris, Flammarion, 1992 ; *Théorie de la constitution* (1928), trad. L. Deroche, Paris, P.U.F., 1993 ; *État, mouvement, peuple* (1933), trad. A. Pilleul, Paris, Kimé, 1997 ; *Le Léviathan dans la doctrine de l'État de Thomas Hobbes* (1938) trad. D. Trierweiler, Paris, Seuil, 2002 ; *Le Nomos de la terre* (1950), trad. L. Deroche-Gurcel, Paris, P.U.F., 2001 ; *Ex captivitate salus* (1950), trad. A. Doremus, Paris, Vrin, 2003 ; *Théorie du partisan* (1963), traduite avec *La Notion de politique*.

exemple) par les notions d'*état d'exception* et de *pouvoir constituant*. Son nom est si fortement attaché à cette grande orientation
de la philosophie politique communément désignée comme
*décisionnisme* (avec beaucoup de confusions, comme on verra,
sur la notion même et sur les positions de Schmitt), qu'aujour-
d'hui on qualifie souvent sans autre forme de procès de « schmittienne » toute orientation de pensée que l'on estime, à tort ou à
raison, décisionniste[1]. En un mot, Carl Schmitt était ici incontour-
nable. Il faut lire Carl Schmitt. Est-ce suffisant pour donner une
assise claire à l'étude de sa pensée ? Certainement pas. Comment
lire Carl Schmitt ? Aborder cette question conduira aussi à dire
pourquoi consacrer ce *commentaire* au seul Schmitt et à expliquer
le choix de ce chapitre de la *Théorie de la constitution*.

Carl Schmitt, c'est peu de le dire, a mauvaise réputation.
Et cela est parfaitement mérité. Comme un certain nombre
d'intellectuels allemands mais plus que d'autres, de philosophes
allemands mais plus que d'autres, de façon plus institutionnelle
et plus durable, il a lié sa vie et son œuvre au nazisme. Que ce
ralliement ait eu lieu après 1933, donc à un moment où une part
essentielle de son œuvre avait déjà été écrite, n'y change rien : au
contraire, c'est bien à un double effort pour faire rentrer cette
pensée dans le lit du nazisme et pour faire rentrer le nazisme dans
le cadre de sa pensée qu'il s'est livré[2]. Il a échoué dans les deux
cas, ce n'est pas indifférent. Mais il a durablement cru possible
de le tenter et n'a pas ménagé ses efforts en ce sens, ce qui l'est
moins encore.

---

1. C. Schmitt a formé cette notion (dont Hobbes est l'illustration première)
par opposition au normativisme de Kelsen dans *Théologie politique* I (1922),
*op. cit.*, p. 43-45.
2. *Mutatis mutandis*, cette question vaut pour Heidegger. *État, mouvement,
peuple*, publié à la fin 1933, est, parmi les textes disponibles en français, celui qui
exprime le plus nettement cette conjonction. On peut désormais y ajouter les
articles « Le Führer protège le droit » (1934) et « La science allemande du droit
dans sa lutte contre l'esprit juif » (1936), traduits dans le n° 14/2003 de la revue
*Cités*, par M. Koller et D. Seglard et présentés par Y.-C. Zarka. La présentation de
ces textes comme inédits en français est inexacte pour le premier, dont j'ai publié
la plus grande partie dans *La démocratie*, « Corpus », Paris, GF-Flammarion,
1999, p. 184-187 (trad. L. Bernardi).

L'engagement nazi de Schmitt doit d'abord être rappelé pour des raisons de salubrité morale et politique. On ne peut que regretter à cet égard que ceux qui, il y a plus de trente ans, l'ont introduit ou plutôt réintroduit en France (il avait reçu un premier écho chez les juristes à l'époque de Weimar) l'aient fait en minimisant cette implication nazie, d'un côté en insistant sur les oppositions qu'il rencontra assez vite de l'intérieur du régime, de l'autre en cherchant à séparer l'œuvre du théoricien de l'engagement politique de son auteur[1].

Mais ce devoir d'information, ou plutôt de vérité, ne suffit pas : cette dimension doit être constitutive de toute ligne d'interprétation et de discussion de sa pensée politique. Cela précisément parce que cette pensée est considérable[2]. Et là est bien la question. Dire que ce serait « blanchir » Schmitt de « le faire passer pour un des plus grands juristes et penseurs politiques du XXᵉ siècle » et affirmer que ses textes doivent être traités « comme des documents, non comme des œuvres, encore moins des œuvres philosophiques qu'on discute comme telles » relève de la dénégation[3] : ne pas prendre en compte la force de la pensée de Schmitt, c'est se priver des moyens de lui répondre. Il serait en effet commode de pouvoir dire que, la pensée devant être bonne,

1. Raymond Aron fut l'instigateur de ce mouvement, avec Julien Freund et Alain de Benoist. La préface de Freund à *La notion de politique* témoigne de cette euphémisation : on y lit (*op. cit.*, p. 34) que les textes de Schmitt « véhiculaient une certaine idéologie et constituaient même une prise de position dans le contexte politique de la période considérée ». Le volume récemment consacré par André Doremus à *Ex captivitate salus*, Paris, Vrin, 2003, participe encore de ce climat.

2. Et, à une certaine altitude, considéré : de W. Benjamin à J. Taubes, en passant par H. Arendt, il est traité comme un grand penseur de la politique. Sans complaisance.

3. Y.-C. Zarka, *Le Monde*, 6 déc. 2002. Ces propos polémiques, abordant des questions majeures sous un angle subalterne, n'ont pas contribué à clarifier le débat intellectuel. Ce qui est vrai, dans une certaine mesure, des articles cités plus haut ne saurait l'être de la plus grande part des œuvres de Schmitt, y compris celles de la période du nazisme comme *Le Léviathan dans la doctrine de l'État de Thomas Hobbes*, trad. D. Trierweiler, préface É. Balibar, postface W. Palaver, Paris, Seuil, 2002, et même *État, mouvement, peuple*. Pour comprendre l'arrière-fond de cette polémique, voir les premières pages de la préface d'É. Balibar (*op. cit.*) et la réponse de B. Cassin à Y.-C. Zarka dans *Le Monde* de la même date.

ce qui n'est pas bon n'est pas de la pensée. Mais ce serait renoncer à toute démarche critique. La question à laquelle on nous convoque aujourd'hui de plus en plus : être *pour* ou *contre* Carl Schmitt ne ferait que redoubler l'inconséquence[1]. À rebours, prendre au sérieux la pensée de Schmitt et la prendre en compte seront les conditions que l'on mettra ici à son examen critique.

Carl Schmitt est un penseur politique d'envergure. L'engagement de sa pensée dans le nazisme ne relève pas de la contingence. C'est à considérer ces deux faits ensemble que l'on s'attachera[2]. Selon l'expression de Barbara Cassin : « Nazi et philosophe, là est la question ». S'agissant d'une œuvre, la *Théorie de la constitution*, qui date de 1928, il ne saurait s'agir de rechercher, par une récurrence inacceptable, un proto-nazisme de Schmitt, mais plutôt d'identifier ce qui, dans la problématique et la structure conceptuelle de sa pensée, a pu ouvrir l'espace dans lequel s'opèrera le tournant de 1933[3]. Une telle tâche est considérable et demanderait à elle seule une place plus grande que celle qui nous est ici impartie : ce serait une raison suffisante pour ne pas en envisager d'autre. Mais on a voulu aussi éviter de mettre sur le même plan l'œuvre de Schmitt et celles d'autres théoriciens de la philosophie politique, classiques ou contemporains, que l'on peut, sur la question de la décision politique, lui confronter. Cela n'empêchera pas le commentaire d'opérer de telles mises en tension.

Le choix du texte proposé demande également explication. On aurait pu s'attendre en effet à trouver ici soit les propositions

1. J. Taubes avait bien montré cette inconséquence dans *Gegenstrebige Fügung*, Berlin, Merve Verlag, 1987, *En divergeant accord, à propos de Carl Schmitt*, trad. P. Ivernel, Paris, Payot et Rivages, 2003.

2. Sur le statut – et la stature – de la pensée de Schmitt, les choses ont été mises sur leur juste assise par J.-F. Kervégan dans *Hegel, Carl Schmitt : le politique entre spéculation et positivité*, Paris, P.U.F., 1992. C'est à cet ouvrage que s'adressera d'abord qui veut aborder en philosophe l'œuvre de C. Schmitt. Je lui suis grandement redevable.

3. La rigueur interdira donc de faire intervenir dans l'explication de la *Théorie de la constitution* les œuvres postérieures. Cette restriction s'étend aux préfaces par lesquelles, jusqu'à sa mort en 1985, C. Schmitt a cherché à en régler l'interprétation.

éclatantes et sans cesse sollicitées de *La notion de politique*[1], texte le plus connu du grand public, soit les pages denses et problématiques de la *Théologie politique*[2], souvent visitées et réfléchies par les philosophes. Se tourner vers la *Théorie de la constitution* (1928) répond à une triple intention. La première concerne l'histoire de la réception de l'œuvre de Schmitt en France. La seconde celle de la formation de sa pensée. La troisième tient plus directement au concept schmittien de décision.

En dehors de trois textes parus dans les années trente du siècle dernier[3], la traduction de Schmitt en français commence en 1972 avec *La notion de politique* et la *Théorie du partisan*. Mais ce n'est que depuis une quinzaine d'années que les traductions se succèdent à un rythme soutenu et, il faut le dire, dans un certain désordre[4]. L'œuvre de Schmitt peut se définir à la fois comme une œuvre d'histoire de la pensée juridique et politique, de métapolitique et de théorie juridique. Tous ses textes participent de ces trois dimensions, mais avec des accentuations chaque fois différentes. Il se trouve que les grandes synthèses où la théorie juridique est dominante, *La théorie de la constitution* et *Le Nomos de la Terre*, traduites tardivement (respectivement 1993 et 2001) sont encore peu prises en compte dans le champ

1. *Der Begriff des Politischen* (*La notion de politique*). La première édition est de 1927, donc antérieure à la *Théorie de la constitution* (1928). L'édition de 1932 y incorpore le texte intitulé : *L'ère des neutralisations et des dépolitisations* (1929), et y ajoute un certain nombre de corollaires rédigés en 1931. Nouvelle préface en 1963 (en même temps que la publication de la *Théorie du partisan*). Ce titre aurait pu se traduire aussi par « le concept du politique » : Schmitt s'y emploie bien à un travail d'élaboration conceptuelle.

2. Cet ouvrage double encadre l'œuvre de C. Schmitt : ses deux parties, *Quatre chapitres sur la théorie de la souveraineté* (1922, 1934[2]), *Une légende : la liquidation de toute théologie politique* (1969), sont réunies sous le titre *Théologie politique*.

3. Une traduction partielle du *Romantisme politique*, Valois, 1928, *Légalité, légitimité*, Paris, LGDJ, 1936, et un article dans une revue constitutionnaliste, en 1938.

4. Ce désordre (on peut l'observer en examinant la bibliographie succincte donnée ci-dessus) a contribué à brouiller la réception de l'œuvre de Schmitt en France.

proprement philosophique français. C'est à un rééquilibrage en ce sens qu'on voudrait contribuer.

De plus, la *Théorie de la constitution* occupe une place décisive dans l'itinéraire de Schmitt. Toutes ses œuvres antérieures y viennent concourir : les analyses historiques de *La dictature* (1921), les élaborations métapolitiques de la *Théologie politique I* (1922), comme les analyses et les prises de position politiques de *Parlementarisme et démocratie* (1923-1926) et la première version de *La notion de politique* (1927). L'ensemble de ces travaux avaient conduit Schmitt à une triple conviction, dont il ne se départira au fond jamais. La première est en forme de constat et, si l'on ose dire, de faire-part de deuil : du dix-septième au dix-neuvième siècle, s'est construit dans la théorie politique et juridique, autour de la notion de souveraineté, et dans l'histoire de l'Occident, autour de la figure de l'État, un ordre juridique et institutionnel équilibré, le *jus publicum europeanum*. Cette période est close, le vingtième siècle est marqué par la caducité de ce modèle. En tant que théoricien de cet ordre, Schmitt se vit comme un survivant et à certains égards comme un exécuteur testamentaire. La deuxième conviction de Schmitt est que l'essentiel du legs de ce *jus publicum europeanum* à la pensée juridique et politique (au travers des notions de souveraineté et d'autorisation) est la notion même du *pouvoir constituant*, comme ce pouvoir de décision par lequel un sujet politique un et homogène (un peuple, une nation) se pose comme volonté et décide de sa propre existence et de la forme de cette existence. Le pouvoir constituant est la vérité de la démocratie. La troisième conviction de Schmitt, plus précisément politique, est que le parlementarisme, dont le principe est la délibération (le gouvernement par discussion), est dans son fond étranger à la démocratie : il est occultation et étouffement du pouvoir constituant. Le positivisme de Kelsen, sa théorie de la constitution comme norme suprême, constituerait le pendant dans la théorie juridique de ce déni du pouvoir constituant par les formes modernes de démocratie parlementaire.

Ces trois thèses, car il s'agit bien de cela, ont été élaborées par Schmitt dans une double et constante relation à l'histoire. Celle de la longue durée (la richesse de ses références fait de ses ouvrages un véritable cours d'histoire du droit politique) et celle du présent : observateur attentif de l'actualité brûlante de la révolution soviétique et de l'instauration du fascisme, Schmitt est à la fois observateur et acteur des débats qui accompagnent l'adoption et l'application de la constitution de Weimar. Mais ce sont des thèses de nature essentiellement critique. En se plaçant délibérément sur le terrain du droit constitutionnel et en prenant la forme du traité, la *Théorie de la constitution* tente explicitement de leur donner un pendant positif. Il s'agit d'y refonder une théorie du droit politique autour de la notion de pouvoir constituant. Cette tentative est-elle couronnée de succès ? On peut en douter, comme on verra. Et on peut être conduit à penser que Schmitt a cru trouver dans le nazisme la voie par laquelle sortir de cette impasse. Il importe alors de comprendre en quoi celle-ci trouve son origine dans le concept schmittien du pouvoir constituant.

Le dernier motif du choix de ce texte a plus précisément trait à la notion même de décision. Le *vade mecum* culturel contemporain (variante du *Dictionnaire des idées reçues*) associe le nom de Schmitt aux notions de décision et d'exception, citant en boucle toujours les mêmes formules[1]. Lui est ainsi attribuée une conception de la décision politique, qui lui est au fond assez étrangère, comme pouvoir de déroger à l'ordre institutionnel établi[2]. Le décisionnisme est alors un terme pompeux pour désigner l'exercice arbitraire du pouvoir ou, plus simplement, la loi du plus fort. Schmitt cherche à former un tout autre concept de l'exception, non comme dérogation à la règle mais comme institution de norme, non comme dés-ordre mais comme fondation.

---

1. « Est souverain celui qui décide de la situation exceptionnelle » (*Théologie politique*) ; « la décision ami ennemi » (*La notion de politique*) sont en bonne place au box-office.

2. Les commentaires de l'actualité internationale de l'hiver 2002-2003 ont vu un débordement de ces références pseudo-schmittiennes.

Le décisionnisme pour Schmitt désigne ce fait que toute institution et toute position de norme relève d'abord d'une décision. Le pouvoir constituant articule précisément cette notion de la décision et l'idée de constitution. Comprendre le statut de la décision politique chez Schmitt demande de penser l'exception *sous* le concept du pouvoir constituant[1]. C'est donc en rendant compte de la relation entre exception, décision et pouvoir constituant que l'on peut aller au cœur de la pensée de Schmitt et l'interroger.

Il importe de prendre Schmitt au sérieux parce que les questions qu'il soulève sont plus que jamais les nôtres et que la compréhension de ce qui l'a conduit où il est arrivé peut seule nous en prémunir.

EXISTENCE ET DÉCISION :
L'INDÉFINITION DU POUVOIR CONSTITUANT

### Exister, c'est décider

La *Théorie de la constitution* est un traité de droit public, plus précisément de droit constitutionnel. Rien de plus normal, c'était la « spécialité » de son auteur. Pourtant, si Schmitt a rédigé sur ces matières de nombreux articles, ce seul ouvrage d'ampleur lui est consacré. De fait, ses modes de penser privilégiés sont plutôt historique ou franchement conceptuel. Aussi bien les réintroduit-il dans la théorie juridique. Un ouvrage de droit public doit sacrifier à deux types d'exigences : produire une théorie abstraite de son objet, cohérente et déterminée, se montrer en mesure de rendre compte de la matière juridique factuelle abordée. La *Théorie de la constitution* s'efforce de satisfaire à l'un comme à l'autre (c'est à la fois une théorie générale de la constitution et une théorisation de la constitution de Weimar) et son organisation le manifeste. Une première partie porte sur « la notion de constitution » et consiste en un travail de clarification conceptuelle centré sur la notion de pouvoir constituant. La deuxième prend acte de ce que la « constitution moderne » (il faut entendre

---

1. À ce sujet, une note hésitante de G. Agamben (*op. cit.*, p. 61-62).

par là la conception dominante chez les constitutionnalistes depuis la fin du XIXᵉet son actualisation dans la constitution de Weimar) obéit à des principes qualifiés à la fois de libéraux et de bourgeois qui, parce qu'ils visent à la dépolitiser, contredisent la notion même de constitution[1]. La troisième partie montre que, derrière cette façade, le principe constituant se révèle indéracinable (il s'exprime dans la constitution moderne par la référence démocratique). La constitution moderne est donc juridiquement mixte, politiquement instable. Une dernière partie est consacrée aux constitutions fédératives.

Le chapitre VIII, *Le pouvoir constituant*, constitue donc la pierre angulaire de l'édifice. S'il n'intervient que de façon relativement tardive (au troisième tiers de la première partie) c'est que Schmitt s'est efforcé d'abord d'en mettre en évidence la nécessité, par une déduction purement abstraite (il ne peut y avoir de constitution que comme effet et produit d'un acte constituant), par une analyse historique (l'avènement du principe démocratique est la manifestation au grand jour du pouvoir constituant) et par l'étude de la matière constitutionnelle de la constitution de Weimar. Cette démarche répond à une visée précise : montrer formellement (« Avant toute normation, on rencontre la *décision politique fondamentale du titulaire du pouvoir constituant* »[2]) et matériellement (« Il faut que le peuple soit existant et présupposé comme unité politique s'il doit être le sujet d'un pouvoir constituant »[3]) que *le pouvoir constituant est d'abord une existence*, et que *la modalité de cette existence est la décision*. Le premier titre du chapitre VIII est consacré, sous la forme d'une définition du pouvoir constituant, à poser cette double thèse et peut-être surtout à poser *l'identité de l'exister et du décider*.

---

1. Chap. V, p. 172 : « La composante propre à l'État de droit bourgeois ne peut fournir qu'une partie de l'ensemble de la constitution de l'État, tandis qu'une autre partie contient la décision positive sur la forme d'existence politique ».

2. Chap. III, p. 154.

3. Chap. VII, p. 195.

Un traité de droit ne s'embarrasse pas d'élégance, une certaine lourdeur y est moins maladresse que rigueur. La proposition dont part Schmitt le vérifie (le tour allemand est celui de la définition) :

> *Le pouvoir constituant (*verfassunggebende Gewalt*) est la volonté (*Wille*) politique dont le pouvoir (*Macht*) ou l'autorité sont en mesure de prendre la décision globale (*Gesamtentscheidung*) concrète sur le genre et la forme de l'existence (*Existenz*) politique propre*, autrement dit déterminer l'existence de l'unité politique dans son ensemble[1].

On serait d'abord tenté de suggérer un tour plus simple et direct, quelque chose comme : *Est pouvoir constituant la volonté qui décide quel sera le genre et la forme de l'existence politique.* Or l'écart entre ces deux formulations recèle précisément l'essentiel de ce que pose la thèse de Schmitt. Ce n'est en effet pas *ce que* décide cette volonté qui est d'abord déterminant, mais le fait qu'elle soit « en mesure » (*imstande ist*) de prendre cette décision. Être en mesure de prendre une décision ce n'est pas, bien sûr, être capable de *se décider*, autrement dit de déterminer sa volonté, mais bien de *décider* et *emporter la décision :* faire valoir une décision pour d'autres volontés, faire preuve de pouvoir ou d'autorité. C'est bien pourquoi, ici, la distinction de ces deux dernières notions est secondaire : importe ce qui les réunit, le pouvoir de se faire obéir, de valoir pour d'autres volontés. Il est possible alors de désigner « l'objet » de cette décision : le genre et la forme de l'existence politique. Mais cet objet ne vient pas donner un contenu à une décision qui n'en aurait pas encore : la façon dont la décision se fait valoir (comment le pouvoir ou l'autorité s'exerce) définit « le genre et la forme de l'existence politique ». Et la relation est celle de la détermination : en se faisant valoir comme pouvoir de décider, le pouvoir constituant forme l'unité politique et lui donne son « genre ». Le concept de la décision auquel renvoie le pouvoir constituant est donc un concept dont la structure est bien

---

1. Toutes les citations non référencées appartiennent au texte commenté.

particulière : il se tient en amont de toute distinction entre la décision comme commandement et la décision comme choix ; donc, comme il est dit ensuite, de la distinction entre la loi comme ordre (*Befehl*) ou rationalité (*Ratio*). Plus précisément encore, il désigne cette idée que la décision de commander (et la décision sur la forme du commandement) constitue le choix premier, le choix le plus fondamental, celui de l'existence et de son mode d'existence.

Ainsi compris, ce passage liminaire met en place le jeu complexe de quatre concepts : volonté, pouvoir, décision, existence. Ils interviennent dans cet ordre, et la définition du pouvoir constituant est le déploiement de cet ordre. La volonté se caractérise comme politique par le pouvoir qu'elle exerce et par ce sur quoi elle a pouvoir : décider le genre et la forme d'existence de l'unité politique. Mais ce déploiement met en œuvre un retournement : le pouvoir constituant est d'abord un existant dont le mode d'existence est la décision, acte par lequel il détermine le genre et la forme de l'unité politique. *L'existence politique, c'est la décision :* telle est au bout du compte la thèse centrale de Schmitt.

L'emploi du terme *existentiel* à propos de la décision se trouve déjà dans *La notion de politique*, mais il y est assez flou, renvoyant surtout aux sens temporel et dérogatoire de l'exception. Il faut prendre la mesure de la place et du sens plus fortement déterminés que prend ici la notion d'existence. Elle détermine entièrement la proposition selon laquelle « le pouvoir constituant est une volonté politique, c'est à dire un être politique concret (*konkretes politisches Sein*) ». Il ne s'agit pas en effet de dire que cette volonté est celle d'un tel être, mais bien qu'elle *est* cet être. La volonté, comme volonté qui décide, est bien ce qui marque la « nature essentiellement existentielle » (*das wesentlich Existenzielle*) de cette volonté. Vouloir, c'est décider d'exister. La volonté politique, c'est la volonté d'exister comme unité politique. Et comme toute décision d'existence, elle est décision d'un certain genre d'existence. En ce point, on le verra, prend son assise la conception schmittienne du sujet du pouvoir constituant et, singulièrement, du peuple. Un peuple se définira par sa volonté d'exister et sa capacité à faire valoir les décisions qu'il prend sur son genre d'existence[1]. Mais c'est d'abord le rapport de la volonté politique à la norme que Schmitt tient à préciser : le caractère existentiel de la décision politique le détermine.

### La décision comme position de norme

« Une constitution ne repose pas sur une norme », « elle est institution d'une norme ». De ces deux propositions qui pourraient résumer la pensée de Schmitt sur cette question, on ne retient le plus souvent que la première au détriment de la seconde et, plus encore, de leur articulation.

Le refus du normativisme est constitutif, dès ses débuts, de la pensée de Schmitt. Les *Quatre chapitres sur la théorie de la souveraineté*, première partie de la *Théologie politique*, en donnent dès 1922 la formulation « classique » qui associera définitivement le nom de Schmitt au décisionnisme qu'il lui oppose. Ce refus s'exprime sur trois registres.

1) Le premier est théorique. L'interlocuteur central est Kelsen[2]. Définissant la constitution comme « norme suprême », celui-ci établit un rapport d'identité entre État et constitution.

---

1. Heidegger publie *Sein und Zeit* en 1927, la même année que *La notion de politique*, un an avant la *Théorie de la constitution*. Ce que Schmitt peut devoir à Heidegger mériterait un examen plus fouillé. En retour, il conviendrait d'interroger ce que le *Discours du rectorat* (1933, quelques mois après qu'Heidegger a, à l'instigation de Schmitt, adhéré au NSDAP) « doit » à Schmitt. Ainsi la notion du « *Dasein* du peuple ». On se bornera à rappeler ce passage (*Écrits politiques*, trad. F. Fédier, Paris, Gallimard, 1995, p. 104) : « Le monde spirituel d'un peuple n'est pas l'étage surajouté d'une culture, pas plus que l'arsenal des connaissances et des valeurs employables. C'est au contraire la puissance de la mise à l'épreuve la plus profonde des forces qui lient un peuple à sa terre et à son sang, comme puissance du plus intime éveil et du plus extrême ébranlement de son *Dasein*. Seul un monde spirituel est garant pour le peuple de sa grandeur. Car il le force à décider constamment entre vouloir la grandeur et laisser faire le dévalement ». Le *Dasein* du peuple est décison constante sur sa propre existence : cette proposition est proprement schmitienne.

2. *Théologie politique*, *op. cit.*, p. 29 et *sq.*

Son présupposé est que «ce qui fonde la valeur d'une norme ne peut être à son tour qu'une norme». Il s'agit alors de montrer l'impossibilité de cette réduction à elle-même de la norme :

> Tout ordre repose sur une décision, et même le concept d'ordre juridique qu'on emploie sans réflexion comme une chose allant de soi renferme l'opposition des deux composantes du juridique. Même l'ordre juridique repose, à l'instar de tout ordre, sur une décision et non sur une norme[1].

On ne peut penser un ordre normatif qu'en tension avec le moment de la décision. La catégorie d'exception a pour rôle de montrer l'antériorité de la décision sur la norme et son irréductibilité, et celle de souveraineté celui d'en rendre compte en termes politiques. La décision manifeste que le politique n'est pas soluble dans le juridique.

2) Le second registre est historique. La notion de souveraineté en est le fil rouge. Bodin et Hobbes sont les fondateurs d'une conception décisionniste de la souveraineté, centrée sur la question de savoir qui est souverain (qui décide ?)[2]. Le processus de dépersonnalisation opéré par l'âge classique et triomphant au XVIIIe, vide la souveraineté de son décisionnisme en ramenant l'exception à la règle et la transcendance à l'immanence. C'est pourquoi, au XIXe, ce sont les contre-révolutionnaires (De Maistre, Bonald, Donoso Cortès) qui brandissent l'étendard du décisionnisme. Leur défaite est en même temps celle de la politique. À l'époque moderne, la politique meurt avec la décision.

3) Le dernier registre est proprement politique : parlementarisme et juridisation, caractéristiques de la politique moderne, sont des formes de dissolution de la politique et de la figure de la souveraineté qui lui correspond. La délibération s'y substitue à la décision, et la représentation au pouvoir constituant :

1. *Ibid.*, p. 20.
2. Pour Schmitt, l'opposition est en germe à l'intérieur des théories du droit naturel : au droit naturel «de justice», dont l'expression classique se trouve chez les «monarchomaques», s'oppose le droit naturel «scientifique», représenté par Bodin et Hobbes, qui est décisionniste. *La dictature*, *op. cit.*, p. 38. On reviendra plus loin sur la signification et l'importance de cette opposition.

> La tendance propre à l'État de droit bourgeois vise à refouler le
> politique, à limiter par une série de normations toutes les manifes-
> tations de la vie de l'État, et à transformer toute l'activité de l'État
> en *compétences,* c'est-à-dire en pouvoir rigoureusement circons-
> crits, *limités* par principe[1].

En affirmant : « une constitution ne repose pas sur une norme
[…], elle repose sur une décision politique émanant d'un *être*
politique », la *Théorie de la constitution* reprend ce moment
critique de la pensée de Schmitt. La théorie du pouvoir constituant a indiscutablement une composante décisionniste. Mais ce
serait se méprendre de ne voir qu'elle. Plus exactement, ce serait
se méprendre sur ce décisionnisme de n'y voir que l'affirmation
de la suprématie de la décision sur la norme. On l'a déjà dit,
interpréter le privilège accordé à l'exception comme valorisation
de l'arbitraire et de la dérogation à la règle constitue le contresens le plus répandu et le plus lourd sur la pensée de Schmitt.
L'intérêt à ses yeux de l'exception est de faire apparaître la décision comme production de norme. C'est le sens de l'affirmation
célèbre selon laquelle « l'exception est plus intéressante que
le cas normal » : il y a un caractère heuristique de l'exception[2].
Cette seconde dimension de la décision est présente dès *La
Dictature* :

> La dictature souveraine […] ne suspend pas une constitution en
> vigueur en vertu d'un droit fondé sur celle-ci, c'est-à-dire
> conforme à la constitution ; elle cherche au contraire à instaurer
> l'état de chose qui rendrait possible une constitution qu'elle
> considère comme étant la constitution véritable[3].

La « constitution véritable » est l'horizon normatif de la décision
sur l'exception, ce par quoi elle est constituante. Il faut d'abord
comprendre ainsi que, « du point de vue de son contenu, une loi

1. La *Théorie de la constitution*, chap. IV, p. 172, résume ainsi les analyses de
la *Théologie politique*.
2. *Théologie politique, op. cit.*, p. 25.
3. Cf. p. 142. La « dictature souveraine » est, dans la terminologie de
C. Schmitt, l'expression révolutionnaire du pouvoir constituant.

constitutionnelle est la concrétisation normative de la volonté constituante ». La distinction entre constitution et lois constitutionnelles n'a pas seulement pour objet de mettre en évidence la prééminence de la première (en tant que la constitution est la « décision globale » sur l'existence de l'unité politique, c'est d'elle que dépendent toutes les lois constitutionnelles), elle permet de manifester le caractère normatif de la volonté constituante. Si la réflexion sur l'exception met en évidence que derrière tout ordre normatif se trouve la décision, celle sur le pouvoir constituant manifeste le pouvoir normatif de la décision. L'unité de ces deux dimensions définit le *décisionnisme* de Schmitt. Ses œuvres antérieures avaient privilégié la première, la *Théorie de la constitution* déploie la seconde. Mais, pour cela, Schmitt va devoir se mettre à découvert, ou plutôt découvrir les présuppositions de sa pensée.

## La décision d'existence

La *Théorie de la constitution* marque aussi une évolution de la pensée de Schmitt sur la décision politique. En se plaçant sur le terrain de la théorie constitutionnelle, on l'a dit, il tente de donner un pendant positif à ses analyses historiques ou critiques antérieures. Il lui faut dès lors rendre compte de façon plus claire de ce pouvoir normatif de la décision. La notion d'existence en porte la charge. Elle est à même en effet, sous une certaine modalité, de rendre compte de cette irruption de la nouveauté en quoi consiste le pouvoir constituant. L'existence est surgissement, elle est un vouloir être et un vouloir être tel. C'est en ce sens qu'elle est décision, décision d'exister. Mais elle est aussi source de décision, retenant toujours plus en elle qu'elle ne pose dans ses actes.

La façon dont Schmitt traduit les deux notions rousseauistes d'inaliénabilité (le pouvoir constituant ne peut être « épuisé, absorbé ou consommé » par son exercice) et d'indivisibilité (« il fonde en les englobant tous les autres pouvoirs ») est à cet égard éclairante : « La décision politique que représente la constitution ne peut pas agir en retour sur son sujet et supprimer son existence politique. Cette volonté continue à exister à côté de la constitution et au-dessus d'elle ». Schmitt comme Rousseau se refuse à faire du pouvoir constitué le devenir du pouvoir constituant. Le pouvoir constituant chez Schmitt, la souveraineté chez Rousseau, sont toujours *actuels*. Mais cette actualité n'est pas pensée dans les mêmes termes. C'est, pour Rousseau, *dans* chacune de ses décisions que s'affirme la présence du souverain et qu'il se pose comme sujet. Il est tout entier dans ses actes, il est tout entier dans chacun de ses actes : « Chaque acte de souveraineté ainsi que chaque instant de sa durée est absolu, indépendant de celui qui précède et jamais le souverain n'agit parce qu'il a voulu mais parce qu'il veut »[1]. C'est, pour Schmitt, « à côté et au-dessus » de la constitution que la volonté constituante « continue à exister » et le pouvoir constituant est toujours comme réservé en amont des décisions qu'il prend : la décision sur le genre et la forme de l'unité politique est antérieure et supérieure à la position de normes. La volonté d'exister, comme volonté d'être un sujet politique est le fond sur lequel les décisions normatives peuvent êtres comprises. Là où la volonté pour Rousseau est essentiellement acte, elle est pour Schmitt un existant. Le sujet de la décision est la volonté qui décide de son existence. Exister c'est décider, avions-nous dit ; il faudrait maintenant préciser : *exister c'est décider de son existence*. Cette formulation peut permettre à la fois de rendre justice à Schmitt de la force de sa thèse et de mettre au jour les difficultés qu'elle soulève.

L'existentialisme qui marque la pensée de Schmitt dans ces pages n'est pas le produit d'une importation dans le champ de la politique et du droit de présupposés philosophiques existentialistes. Il procède, là réside sans doute son intérêt majeur, d'une démarche de bout en bout juridico-politique[2]. Reconnaître à la

---

1. J.-J. Rousseau, *Fragments politiques*, III, 11, *Œuvres complètes, op. cit.*, t. III, *loc. cit.*, p. 485.

2. Ce double statut du discours théorique tient à la nature de son objet (la constitution) et à la structure du concept sous lequel Schmitt le pense : le pouvoir constituant est l'articulation de la politique et du droit. Ce régime du discours pourrait s'inscrire dans la continuité de ce que Rousseau appelait le « droit politique ».

société le pouvoir de se donner à elle-même ses propres lois, conséquence inévitable de l'épuisement des fondements théologique et traditionnel du pouvoir, c'est nécessairement concevoir l'ordre des choses humaines comme résultant d'un pouvoir d'autoinstitution. L'existence, comme surgissement et autoposition, est alors bien la catégorie sous laquelle il convient de penser le pouvoir constituant. Il n'est pas le pouvoir d'un sujet qui lui préexisterait, mais bien l'élément dans lequel celui-ci vient à l'existence. C'est encore pourquoi la volonté dont il y est question n'est pas la volonté *d'un* sujet mais bien cette volonté qui *est* le sujet. Elle est proprement volonté d'exister. Cette volonté d'exister est puissance normative dans l'ordre politique, et les normes ne sont rien d'autre que la détermination concrète du genre et de la forme de cette existence. On peut d'ailleurs, à partir de là, donner un sens précis à cette distinction : le *genre* est ce qui spécifie le « choix global » d'une existence (la constitution proprement dite), la *forme* est la façon dont ce choix s'effectue comme instituant (ce sont les lois constitutionnelles).

Le pouvoir constituant, comme pouvoir de décider de son existence, est le concept sous lequel parvient à sa propre intelligence le mouvement historique de la modernité, de sa naissance dans la notion classique de la souveraineté à son affirmation comme principe moderne de la démocratie[1]. La démocratie antique est autogouvernement, la démocratie moderne est autoinstitution. Le caractère politique, *sui generis,* de cet existentialisme n'interdit pas, tout au contraire, qu'il entretienne avec le principe de souveraineté un rapport strictement analogue à celui que l'existentialisme proprement dit entretient avec le principe d'autonomie de la conscience, ni que cette analogie fasse signe vers la co-naissance de ces deux principes à l'aube de

1. C'est ce que montre le chapitre VI : « Naissance de la constitution ». Le débat en cours sur la constitution européenne vient de remettre en lumière, en même temps que les difficultés nouvelles à l'assumer, le caractère irréductible de ce principe. Mgr Hippolyte Simon, vice-président de la Conférence des évêques de France, en témoigne *a contrario* lorsqu'il écrit (dans *Le Monde* du 8 mai 2003) qu'y « faire silence sur [la Transcendance du Divin], ce serait faire comme si le politique était à lui-même sa propre origine et sa propre fin ».

la modernité. C'est bien à la radicalité de l'autonomie que l'on a affaire dans les deux cas. Qu'on appréhende cette indétermination essentielle sous la modalité de l'exaltation (liberté de l'homme) ou de l'effroi (dirélection de l'homme abandonné à lui-même, servitude potentielle de l'homme livré à l'homme) sera alors pure question d'affect. Le ton prophétique (apocalyptique ou messianique) est étranger à Schmitt, il se veut analyste : dans sa pensée, le concept du pouvoir constituant n'est pas une norme, il est le concept de la production des normes et, en cela, antérieur à toute norme.

On pourrait, dès lors, avancer que la définition du pouvoir constituant (objet du premier titre de ce chapitre) serait plus proprement désignée comme une *indéfinition*, et cela en deux sens bien différents.

D'un premier point de vue, celui de Schmitt, on pourrait dire que la structure même de la décision politique la rend, par nature, indéfinie et indéfinissable. La décision politique en son sens éminent, c'est le pouvoir constituant par lequel une volonté décide de son existence. Pure puissance d'autoposition, se donnant à elle-même son propre contenu, elle échappe à toute détermination, elle est proprement indéfinie. Selon une expression que Schmitt aime à reprendre, elle est formante sans être formée (*formlos Formende*). Définir le pouvoir constituant serait déterminer son genre et ses formes d'existence, c'est à dire se substituer à lui. C'est exactement ce que font ceux qui, dans l'ordre politique, voient dans le pouvoir constitué la vérité du pouvoir constituant ou, dans l'ordre juridique, croient pouvoir définir la constitution comme un système de normes clos sur lui-même. L'indéfinition du pouvoir constituant désignerait alors l'impossible clôture sur lui-même de l'ordre institué et l'ouverture de la volonté à sa propre décision.

Mais on pourra aussi donner à cette indéfinition un sens proprement critique. On peut en effet y reconnaître, si on peut risquer cette expression, une profonde indécision de Schmitt quant à la nature du pouvoir constituant. Indécision qui affecte d'un côté l'existence du sujet du pouvoir constituant, de l'autre la notion de volonté.

Deux conceptions distinctes de l'existence semblent à l'œuvre dans la définition schmittienne du pouvoir constituant. La première que nous venons de longuement évoquer, identifie décision et existence. Exister c'est décider de son existence. Ce qui existe, est toujours une volonté, pure puissance d'auto-affirmation et d'autoposition. C'est dans la décision qu'elle prend que la volonté existe, elle exclue donc toute présupposition normative ou existentielle : elle serait reconduite dans le premier cas à des normes prépolitiques (transcendantes ou naturelles), dans le second à un ordre factuel prépolitique (de la coutume ou de la tradition). Cette notion de l'existence donne sa structure au concept de pouvoir constituant. Or, une autre notion de l'existence est discrètement à l'œuvre, qui sera au fondement même, nous allons le voir, du second titre de ce chapitre : « Le sujet du pouvoir constituant ».

En définissant la constitution comme « décision politique émanant d'un *être* politique (*aus politischem Sein hervor-gegangene politische Entscheidung*) sur le genre et la forme de son propre être », Schmitt a pris soin d'en marquer la place. Le pouvoir constituant est *un existant*. La notion d'émanation est strictement choisie pour marquer la relation existentielle entre cet être et sa décision[1]. Il souligne lui-même la détermination que cela implique (non, bien entendu, au sens d'être déterminé par mais au sens où cet être politique est *un* être déterminé : *telle* existence), en soulignant : « Le pouvoir constituant est une volonté politique, c'est-à-dire un être politique concret ». Cette seconde notion de l'existence a pour fonction de procurer un accès au caractère toujours historiquement et politiquement concret du pouvoir constituant. Elle lui donne son contenu. Pure

---

1. La notion d'émanation (d'origine théologique) est utilisée par Rousseau pour refuser la partition de la souveraineté. Cf. *Du Contrat social*, II, 2, *op. cit.*, p. 67, et p. 205 n. 70. Comme Rousseau, Schmitt conçoit la volonté comme puissance, non comme faculté.

forme inconditionnée du vouloir d'un côté, le pouvoir constituant est émanation d'un existant déterminé de l'autre.

Cette dualité de sens de la notion d'existence est-elle une contradiction et met-elle en péril la consistance de la notion de pouvoir constituant formée par Schmitt ? Sans doute pas directement. En revanche, elle la met sous la dépendance de l'unité de la notion de décision. Si exister c'est décider, et si la notion de l'existence est double, il faut bien que la décision prenne en charge l'unité. *C'est à la décision et à la notion de la volonté qui la sous-tend qu'incombe de prendre en charge la dualité existentielle du pouvoir constituant.* Ce constat désigne peut-être le cœur problématique de la pensée de Schmitt.

Nous avons vu comment la décision entretient un double rapport à la norme : anomique en ce qu'elle ne saurait être régie par aucune norme, elle est normative parce que d'elle procèdent toutes les normes. Pour rendre compte de cette dualité, avions-nous dit, Schmitt retient sa notion de décision en amont de la distinction entre commandement et choix, loi comme ordre (*Befehl*) ou comme rationalité (*Ratio*). Il peut ainsi faire de la décision de commander, à la fois la décision qui commande et le choix fondamental : celui de l'existence et du mode de son existence. Mais est-ce bien en amont de cette distinction que Schmitt travaille ? N'a-t-elle pas eu lieu ou est-elle abolie ? Tout laisse à penser que la seconde hypothèse est la bonne : le pouvoir de commander est la condition de possibilité du choix, le pouvoir de décider la condition de la législation. C'est pourquoi, « sans même savoir si la loi en général est par essence ordre ou rationalité, on peut dire que la constitution est nécessairement une décision et *que tout acte du pouvoir constituant* est nécessairement un *ordre* (Befehl), un *acte impératif* comme le dit Boutny »[1]. C'est sous le concept de décision souveraine, comme décision qui requiert l'obéissance – dans les deux modes possibles du pouvoir (*Macht*) et de l'autorité – que Schmitt pense le pouvoir constituant. Le double statut de l'existence du pouvoir

---

1. Schmitt reprend, en français, l'expression de l'historien et théoricien du droit constitutionnel Émile Boutny (*Études de droit constitutionnel*, Paris, 1885).

constituant est suspendu à une compréhension de la décision comme ordre, comme « acte impératif ».

La notion de volonté présente la même dualité que la notion d'existence, mais à front renversé. Certes, ce qui fait bien de la pensée de Schmitt un décisionnisme, la volonté est d'abord définie comme puissance de prendre des décisions et des décisions entendues comme ordres donnés. C'est même ce que posait l'énoncé liminaire que nous avons longuement commenté. Une volonté n'est pas d'abord définie par ce qu'elle décide, mais par le fait qu'elle soit « en mesure » de prendre une décision, de la faire valoir pour d'autres volontés, de faire preuve de pouvoir ou d'autorité. Mais une autre notion de la volonté est aussi à l'œuvre dans la définition du pouvoir constituant et court en filigrane dans le texte : vouloir, c'est vouloir être. On parlerait volontiers de volonté d'existence.

Implicite dans ce premier moment abstrait où il s'agit de former le concept du pouvoir constituant, cette seconde notion de la volonté, une fois encore, passera au premier plan lorsqu'il sera question du sujet du pouvoir constituant. Mais, déjà, Schmitt en marque ici la place. C'est, nous l'avons montré, le caractère *essentiellement existentiel* attaché à la volonté : sous la décision sur le genre et la forme de l'existence, la décision d'exister. Le pouvoir normatif de la décision prend bien sa source dans cette seconde dimension de la volonté :

> Par opposition aux simples normes, le mot de *volonté* pose une puissance définie par son être comme l'origine du devoir être. La volonté est donnée existentiellement, sa puissance ou son autorité résident dans son être[1].

Se définir comme l'origine du devoir être, c'est exactement ce qui fait de la volonté la source de toute normation. Vouloir c'est se vouloir. Sous le décisionnisme se profile un volontarisme : dire que c'est toujours une volonté qui existe, c'est dire aussi que c'est dans le vouloir que consiste l'existence. Mais ce volon-

---

1. C'est une des premières définitions de la *Théorie de la constitution* : chap. I, p. 137.

tarisme est lui-même, dans son cœur, un décisionnisme : vouloir c'est faire de sa volonté un ordre, être en mesure de faire valoir sa volonté comme décision et comme loi. On voit ici se cristalliser tout un courant de la philosophie allemande du XIXᵉ siècle qui a fait de la volonté le fond même de l'existence et, tout autant, une thématique du vouloir-vivre du peuple allemand, très largement répandue dans cette période d'après-guerre ou plus encore d'après Versailles [1].

Penser la décision comme décision d'exister et l'existence comme pouvoir de décider renvoie donc à un concept de la décision comme ordre donné (héritage de la notion classique de souveraineté) et à un concept du peuple comme volonté d'exister (marque de la conception romantique du peuple). Au lieu de croisement de ces représentations, le vouloir-être ou vouloir-vivre d'un peuple, sa volonté d'existence ou de puissance, se manifestera concrètement par sa capacité à poser des « actes impératifs » qui sont aussi des manières de signifier et se signifier son autorité, sa grandeur [2]. On commence peut-être à concevoir que ce composé instable ait pu se précipiter en adhésion au nazisme.

## UNE PHÉNOMÉNOLOGIE INCERTAINE

Le second titre de ce chapitre, « Le sujet du pouvoir constituant », semble constituer une rupture méthodologique. Alors que le précédent était thétique et conceptuel, celui-ci se donne comme historique [3]. Son organisation le suggère. Quatre temps,

1. Pas seulement en Allemagne d'ailleurs : on peut se demander quelle pensée dans cette première partie de l'entre-deux guerre, échappe à la fascination pour la volonté.
2. La conjonction avec le passage de Heidegger cité plus haut engage sans doute un rapport plus précis que celui imputable au (mauvais) air du temps.
3. Il est curieux de remarquer que l'on trouve dans un ouvrage d'abord historique, *La dictature*, *op. cit.*, chap. 4, p. 135-154, des développements proprement conceptuels qui correspondent à ce propos sur le sujet constituant. C'est une illustration de ce qui a été dit sur la pluralité des registres discursifs et leur entrelacs chez Schmitt. Certaines différences entre ces textes marquent un infléchissement de la pensée.

de très inégale durée, sont successivement envisagés : le Moyen Âge, la Révolution, la Restauration, enfin la période contemporaine de Schmitt, (la révolution soviétique et le fascisme). Mais plusieurs anomalies viennent contredire cette apparence. La première est dans le déséquilibre de traitement : un privilège marqué est accordé à la période révolutionnaire. Il se justifie aisément : cette période sera définie comme celle de l'émergence au grand jour du principe du pouvoir constituant. La seconde est une solution de continuité : entre 1830 et 1917, l'histoire du pouvoir constituant semble suspendue. On peut également l'expliquer : cette période est celle de l'essor conjoint du parlementarisme et du constitutionnalisme, aux yeux de Schmitt toute entière tendue vers la résorption et l'encadrement (cela revient au même) de la puissance constituante[1]. La troisième anomalie est l'importance primordiale accordée à la France. Elle se comprend pour la Révolution française qui théorise sa pratique, à la différence des constitutions américaines qui « manquent d'une véritable théorie constitutionnelle », mais la place accordée aux quinze années de la Restauration (à elles seules une « période » entière) peut surprendre.

Ramenées les unes aux autres, ces anomalies constituent une règle. Cette histoire ne décrit pas dans sa continuité le devenir d'une entité politique unique, ces rubriques ne forment pas une typologie de diverses formes du pouvoir constituant : on a affaire plutôt à la présentation des phases de développement du concept de pouvoir constituant. Pour rendre compte de ce mode d'exposition, le terme adapté serait sans doute : une phénoménologie du pouvoir constituant[2]. Encore cette phénoménologie se signale-t-elle par deux traits singuliers : elle n'explicite aucun des passages qui font se succéder ces quatre « moments » ; loin de s'achever dans un accomplissement, elle reste en suspens,

---

1. Absente ici, la révolution de 1848 (du moins dans sa version « sociale » française) est faiblement présente dans l'horizon schmittien. Cela tient au caractère purement politique de son concept de révolution.

2. La question posée par J.-F. Kervegan : « Carl Schmitt, un hégélien honteux ? », *op. cit.*, p. 141 *sq.*, trouverait ici un de ses lieux de pertinence.

comme si cette histoire restait elle-même indécise. Ces deux traits, on le verra, renvoient l'un et l'autre à l'incertitude fondamentale dans lequel se trouve la pensée de Schmitt quant à l'avenir du principe constituant.

### Théologie politique

Schmitt engage son propos de façon étrange. La référence aux conceptions médiévales du politique est si étique qu'elle semble n'avoir pour fonction que d'y constater l'absence de la notion de pouvoir constituant. L'incidente : « dans la mesure où on (y) parle d'un pouvoir constituant » irait dans ce sens. La référence même à l'*Épître aux Romains* est purement formelle, chose pour le moins étonnante quand on sait la place tenue par ce verset dans l'histoire de la pensée politique et l'intérêt que Schmitt portait à saint Paul[1]. Ce premier moment serait alors un vide, et le principe du pouvoir constituant apparaîtrait avec la modernité comme surgissant *ex nihilo*. Cette lecture serait pourtant lourdement fautive.

On peut, pour le montrer, partir de la rapide discussion sur les monarchomaques et Althusius. Elle renvoie à la division, déjà évoquée, du droit naturel en deux courants, le « droit naturel de justice » et le « droit naturel scientifique »[2]. Le premier issu des monarchomaques, développé par Grotius, et auquel Althusius se rattache, suppose un droit antérieur à l'État : un droit inscrit par Dieu dans la nature de l'homme[3]. C'est au nom de ce droit que

1. Voir à ce sujet la discussion qu'engage avec lui Jacob Taubes dans sa *Théologie politique de Paul*, trad. M. Köller et D. Seglard, Paris, Seuil, 1991.
2. *La dictature, op. cit.*, p. 38-39. Si les termes dans lesquels Schmitt rend compte de cette opposition peuvent être discutés, sa réalité historique n'est pas douteuse. La radicalité même des monarchomaques leur est permise par le fondement théologique de leur revendication du droit. Avec Rousseau, par exemple, la rupture est fondamentale.
3. La question des « droits fondamentaux » (*Théorie de la constitution*, chap. XII) est l'objet chez Schmitt d'une élaboration complexe. Il récuse la conception qui en fait des droits antérieurs et supérieurs à la constitution (elle revient à nier le principe politique du pouvoir constituant et ne présente, dans la continuité du « droit naturel de justice », qu'une variante du droit divin constituant), comme celle qui en fait des contenus législationnels. La définition

sont réclamés pour le peuple des droits et particulièrement celui de participer aux décisions politiques. Ce pouvoir de décider n'est pas celui de poser des normes mais de les mettre en œuvre. Il n'est pas pouvoir constituant mais pouvoir constitué. Le « droit naturel de justice » ne connaît pas le principe du pouvoir constituant parce que celui-ci est encore attribué à Dieu. Il ne s'est pas encore dégagé de l'univers de représentation médiéval chrétien. De la sorte est rendu manifeste que Dieu, dans un tel horizon de pensée, exerce sous une certaine modalité un pouvoir constituant.

Il faut donc prendre au sérieux l'affirmation que « Dieu a le pouvoir constituant ». Il l'a même au sens le plus radical du terme : la loi divine prend la décision sur le genre et la forme que doit prendre l'existence humaine. Et celle-ci s'impose à tous, gouvernants comme gouvernés. Le pouvoir constituant de Dieu revêt tous les caractères de sa puissance : il est créateur (de lui procède l'existence), il est commandement (l'obéissance lui est due), il est constitutif de toute norme (ce qu'il prescrit constitue un devoir). Loin de constituer un vide, la conception médiévale du politique repose sur la plénitude du pouvoir constituant de Dieu. La conséquence inéluctable en est que le principe moderne du pouvoir constituant n'est pas une création *ex nihilo*, tout au contraire : il est la mutation du pouvoir constituant théologico-politique en pouvoir constituant politique. Décrire cette muta-tion était exactement l'objet de la *Théologie politique :* « Tous les concepts prégnants de la théorie moderne de l'État sont des concepts théologiques sécularisés »[1]. Au premier chef le pouvoir constituant dérive, via la souveraineté, de la puissance divine. Le sujet du pouvoir constituant est donc nécessairement un sujet qui se met à la place de Dieu[2]. Sa décision est « une

des droits fondamentaux appartient à la « décision globale » qui est la constitution proprement dite. Elle ressortit de la décision sur le « genre d'existence » de l'unité politique.

1. *Théologie politique, op. cit.*, p. 46.

2. Schmitt est revenu sur ce point dans *Le Léviathan dans la doctrine de l'État de Hobbes*, particulièrement au chap. 3, *op. cit.*, p. 93-100.

décision globale libre, prise par des hommes, sur le genre et la forme de l'existence politique ». Il devra manifester sa capacité à revêtir tous les attributs du pouvoir divin constituant.

On reconnaît communément dans le décisionnisme un des effets du désenchantement du monde ou, en termes schmittiens, de la sécularisation de l'univers théologique[1] : là où le contenu des normes n'est plus fixé par Dieu, immédiatement comme loi divine ou médiatement comme lois de la nature créée, la définition des règles normant les conduites est renvoyée à l'arbitraire des décisions humaines. Dostoïevski a fait de son œuvre le déploiement allégorique de cette thématique. Mais on peut comprendre autrement cette idée : la structure même de la décision est marquée par l'origine divine du pouvoir constituant et son déplacement du théologique au politique. En Dieu, volonté et puissance sont ramenées à l'identité. *Que la lumière soit! Et la lumière fut.* Le pouvoir constituant hérite de cette indifférenciation. Elle s'exprime dans l'identité de l'existence et de la décision. Dieu est pure puissance d'autoposition, son être et sa volonté procèdent d'eux-mêmes. Le sujet du pouvoir constituant doit répondre à ce principe. Est sujet la pure spontanéité créatrice, le surgissement. De là découle la définition de son existence comme pouvoir de décision sur sa propre existence. Pour cette raison même, Schmitt dira qu'il est au fond impossible de faire de la monarchie dynastique un sujet du pouvoir constituant. « La monarchie héréditaire est une *institution* liée à l'ordre de succession d'une famille, en soi déjà formée ». Elle suppose une forme quand le pouvoir constituant est pure puissance formatrice, « informe qui donne une forme » (*formlos Formende*).

Partant de là on peut aussi comprendre l'autre occurrence explicite du théologico-politique que constitue la note sur Sieyès et Spinoza. Voulant définir le rapport entre pouvoir constituant et pouvoir constitué, entre la source de toute décision qu'est le peuple et les institutions dans lesquelles cette volonté se réalise,

---

1. La filiation weberienne de Schmitt est bien avérée. Voir J. Taubes, *op. cit.*

Sieyès établit une analogie avec le rapport de la *natura naturans* à la *natura naturata*. Schmitt avait déjà évoqué cette analogie dans *La dictature*[1]. Il y affirmait nettement :

> L'idée du rapport entre *pouvoir constituant* et *pouvoir constitué* trouve son analogue systématique et méthodologique parfait dans l'idée du rapport entre *natura naturans* et *natura naturata*, et même si cette idée est reprise du système rationaliste de Spinoza, cela prouve précisément que ce système n'est pas uniquement rationaliste.

Par rationalisme Schmitt entend dans ce passage le rationalisme mécaniste dont à ses yeux relève Hobbes et auquel il oppose la source toujours vive de nouvelles formes du pouvoir constituant. La *Théorie de la constitution* parle d'une « analogie métaphysique » et affiche une beaucoup plus grande réserve, jugeant « nécessaire de distinguer la théorie positive du pouvoir constituant, partie intégrante de toute théorie de la constitution et celle de cette métaphysique panthéiste ».

Cette réserve tient sans doute à la nature juridique de l'ouvrage, qui n'a pas à traiter pour elle-même une question qui « relève de la théorie de la théologie politique ». Mais on peut avancer une autre raison à ce changement d'appréciation, qui tient de beaucoup plus près au sujet du pouvoir constituant et à la distance prise par Schmitt avec Sieyès. Par la distinction du constituant et du constitué, Sieyès cherche à la fois à placer dans le peuple (la nation) la source du pouvoir constituant, et à déplacer vers le pouvoir constitué (la représentation et la compétence) la décision elle-même. Parce que la puissance de la *natura naturans* n'est pas conçue par Spinoza comme sujet, encore moins ses effets comme des décisions, Sieyès peut (en les détournant) user de ces notions. Pour des raisons inverses, Schmitt ne peut que s'en méfier. Si pour penser le pouvoir constituant, il faut un Dieu qui décide, le Dieu ou la Nature du « panthéiste » Spinoza ne convient certes pas. Une raison au

1. *Op. cit.*, p. 147.

plus au point théologique *et* politique inspire donc la réserve de Schmitt.

Loin d'être un simple point d'origine à partir duquel penser le surgissement du principe constituant, la référence à l'horizon théologico-politique médiéval a pour fonction de déterminer le concept du sujet qu'il requiert. C'est à montrer comment le peuple, ou la nation, peut répondre à cet exigence que Schmitt va s'attacher.

### *Préposition ou autoposition ?*

Si Schmitt a formé sa conception du sujet du pouvoir constituant en référence au modèle théologique chrétien d'un Dieu puissance créatrice et souveraine, on a la surprise de constater qu'il a recours à la notion aristotélicienne du sujet comme substrat (*hypokeimenon*) pour rendre compte de son émergence.

C'est d'abord un simple fait qui est énoncé : l'affirmation du pouvoir constituant, acte inaugural de la Révolution française, n'est pas un commencement d'existence, tout au contraire : « L'État français existait auparavant et continua à exister après ». On peut de cet énoncé tirer deux conséquences[1]. La première est que le pouvoir constituant n'*est pas* l'État. Cela, Schmitt l'a marqué dès les premières lignes de son ouvrage : l'État est « l'unité politique d'un peuple ». Or celle-ci peut reposer sur un tout autre principe que le pouvoir constituant (par exemple la loi divine ou la tradition). Dans le cas présent, l'unité politique du peuple français avant la révolution reposait sur la continuité dynastique. La seconde conséquence est plus scabreuse pour les principes de Schmitt. S'il y a préexistence et continuité d'une existence, n'est-on pas contraint d'y reconnaître un sujet politique au sens d'un substrat (*l'hypokeimenon* des Grecs) qui précéderait l'existence du pouvoir constituant ?

Schmitt, on le verra, pense cette difficulté. Mais il faut en prendre d'abord la mesure : il ne voit là aucunement l'expres-

---

1. Une troisième serait, on ne la traitera pas ici, de déterminer comment aborder la question constitutionnelle, si débatue, de la « continuité de l'État ».

sion d'un fait contingent, mais une présupposition historique
nécessaire.

> La théorie du pouvoir constituant du peuple présuppose la volonté
> consciente d'exister politiquement, donc une nation. Histori-
> quement, ce ne fut possible qu'à partir du moment où la monarchie
> absolue eut fait de la France une unité étatique dont l'existence fut
> toujours présupposée comme une évidence, malgré toutes les
> successions de constitutions et de révisions constitutionnelles.
> Le peuple français trouva sa forme de nation d'abord dans son
> existence politique.

La formation de la nation, comme unité politique, est le fait de la
monarchie absolue : c'est ce donné qui a permis l'émergence du
pouvoir constituant. Il y a bien présupposition de l'existence
d'un sujet pour que puisse se former le sujet du pouvoir constituant. Et ce qui est présupposé n'est pas seulement une existence
factuelle mais la conscience de cette existence. Cela est si vrai
que, contrairement à ce que l'on aurait pu croire, loin de faciliter
la formation de la notion de pouvoir constituant, le fait que la
révolution américaine ait été à la fois naissance d'un État et
affirmation du peuple américain comme sujet constituant, a
entravé sa formulation.

Plus encore : cette présupposition historique n'est pas une
condition d'effectivité qui concernerait seulement la genèse
concrète du pouvoir constituant. Elle constitue une thèse sur sa
nature même : « Le choix conscient d'un certain genre et forme
de cette existence, l'acte par lequel *le peuple se donne une constitution* présuppose donc l'État dont on fixe le genre et la forme ».
C'est d'ailleurs une thèse que Schmitt avait également posée dès
le premier chapitre : « À proprement parler seul quelque chose
existant concrètement peut être souverain »[1]. La présupposition
de l'unité politique, l'existence (au sens d'un être déjà-là) d'un
sujet politique préposé est la condition de l'existence (comme
autoposition) du sujet du pouvoir constituant. L'articulation de

---

1. *Théorie de la constituion*, p. 136.

ces deux concepts du sujet est nécessaire pour penser le pouvoir constituant.

De nouveau, la question se pose : cette dualité du concept du sujet met-elle en péril la cohérence de la pensée ? La même réponse doit être apportée qu'au sujet de la dualité du concept d'existence (une question reflète l'autre) : Schmitt, conscient de la difficulté, y apporte une réponse dans le cadre de ses propres principes ; mais il est amené pour cela, d'un côté, à plus encore découvrir ses présupposés théoriques (nous allons le voir), d'un autre côté, à s'imposer des contraintes qui pèseront très lourdement sur sa conception de *l'exercice du pouvoir constituant*.

La discussion centrale de cette partie sur *le sujet du pouvoir constituant* (et peut-être du chapitre dans son ensemble) concerne les notions de *peuple* et de *nation*. Elle a précisément pour enjeu d'articuler les deux notions du sujet que nous avons dégagées.

Il convient de commencer par quelques précisions sur le vocabulaire mis en œuvre : à la superposition des strates historiques et à la différence des langues s'ajoutent en effet les choix terminologiques propres de Schmitt. Le terme *peuple* en français (comme *dèmos* en grec) a deux acceptions fondamentales. L'une est sociale : ceux que ni leur naissance, ni leur fortune, ni leur pouvoir ne rend supérieurs ; l'autre, politique : l'ensemble des citoyens (titulaires de droits politiques dans un ordre institué). En définissant comme premier de ces droits celui de faire la loi, Rousseau définit le peuple comme souverain. Sens, au moins en partie, intégré par le vocabulaire constitutionnel et la langue commune. Un troisième sens croise les deux premiers : les masses populaires comme sujet d'une action politique. Le terme *nation* renvoie d'abord à la naissance (les natifs) qui indique une communauté d'origine et de langue. Au moment de la Révolution, dans sa relation au roi, le terme prend un sens plus ou moins équivalent au concept rousseauiste de peuple : on parle de corps politique ou corps de la nation. Ce deuxième usage est aussi intégré à la langue. De là une confusion fréquente. Mais, au cours du dix-neuvième siècle la notion de nation, reprenant assise sur son étymologie, en vient à désigner une communauté

« naturelle », d'origine ethnique, de langue, de traditions, par opposition à d'autres communautés ou nations « étrangères », voire à des individus ou groupes « allogènes ». La notion de nation est, en français, équivoque. La langue allemande l'emprunte au français à l'époque de la Révolution française. *Die Nation* est donc en allemand un concept univoque, proprement politique, qui désigne l'unité politique du peuple. *Das Volk*, au contraire, présente une polysémie aussi large que *peuple* en français (on traduit couramment un terme par l'autre). Mais trois éléments marquent son histoire sémantique au dix-neuvième siècle. Le premier est la prévalence de *Die Nation* comme concept de l'unité politique. Le second est celle de *Proletariat* dans le champ social. Le troisième est la montée en puissance du pangermanisme et d'une conception raciale de la société. Le sens de *Volk*, surtout à travers l'adjectif dérivé *Völkisch* en est fortement affecté.

Sous ce regard, les choix terminologiques de Schmitt sont à la fois naturels et polémiques. Faire porter le poids du politique (pour lui de la décision politique) sur le terme de *Nation*, tandis que le *peuple* (*Das Volk*) renvoie à la factualité de l'existence sociale commune (naturelle et historique) paraît conforme à l'usage et l'évolution de la langue. Mais définir, comme il le fait, le peuple comme « un groupement humain dont la cohésion peut être ethnique, culturelle, mais pas nécessairement *politique* », c'est prendre ses distances avec les conceptions biologisantes et racistes du peuple développées par les nazis, pour qui justement ethnique et politique sont ramenés à l'identité. C'est un des éléments de divergence qui feront que le ralliement de Schmitt est si tardif et en grande partie un ratage.

On serait, d'après ces définitions, d'abord tenté de voir dans la *nation* le terme correspondant au sujet de la décision (et à l'existence comme autoposition) et dans le *peuple* celui renvoyant au sujet comme substrat (et à l'existence comme préposition)[1]. Or,

1. On suivra dans ce qui suit la terminologie de Schmitt (et celle de sa traductrice), mais pour éviter toute confusion les termes *peuple* et *nation* seront mis en italiques.

il n'en est pas ainsi. L'affirmation du pouvoir constituant lors de la révolution ne présupposait pas l'existence factuelle du *peuple,* mais bien l'unité politique par laquelle la monarchie avait fait de la France un État. Dans un énoncé très concis Schmitt affirme même : « Le *peuple* français trouva *(fand)* dans sa propre existence politique sa forme de *nation* ». Il en est ainsi parce que, comme le principe du pouvoir constituant n'est pas une invention de la modernité mais la mutation du pouvoir constituant divin, le sujet du pouvoir constituant n'est pas le produit d'une génération spontanée mais de la mutation d'une unité politique constituée en unité politique constituante. C'est une certaine forme d'unité *politique* que présuppose le sujet constituant.

Mais là n'est pas tout : l'identification entre la *nation* et le sujet du pouvoir constituant présente aussi des difficultés. Certes, commençant par évoquer la théorie révolutionnaire dont Sieyès est l'énonciateur, Schmitt dit que, d'après cette nouvelle théorie, le sujet du pouvoir constituant « est la *nation* ». mais quelques lignes plus loin, après avoir pris soin d'établir sa terminologie, il affirme tranquillement, cette fois en son nom : « La théorie du pouvoir constituant *du peuple* présuppose la volonté consciente d'exister politiquement, donc une *nation* ». La thèse est nette : le sujet du pouvoir constituant est le peuple. Mais quel peuple ? Il y a là une vraie difficulté. Il serait contradictioire d'y voir le *peuple* au sens où Schmitt vient de l'opposer à *nation*. Il serait par contre tautologique d'y lire un équivalent strict de la *nation*. Cela reviendrait à dire que « la théorie du pouvoir constituant de la nation présuppose… la nation ». Ou plus exactement, là est le sens de cette thèse. Mais la comprendre suppose de définir un nouveau sens du terme peuple et une nouvelle distinction entre peuple et nation.

Le pouvoir constituant présuppose, on vient de le voir, une certaine forme d'unité politique et la conscience de cette unité : c'est ce que Schmitt crédite la monarchie absolue d'avoir apporté à la France et qualifie d'unité « étatique ». Gauchissant le vocabulaire de Sieyès, Schmitt désigne cette unité préexistante sous le terme de nation. À vrai dire, il gauchit moins qu'il ne clarifie. Le choix par Sieyès du terme de nation, au détriment de celui de peuple, correspond à l'introduction de la *représentation*. En se constituant comme «représentants de la nation», les députés aux États-Généraux font d'eux-mêmes les sujets du pouvoir constituant. La nation est la source du pouvoir constituant, ses représentants l'exercent. Pour Schmitt, comme pour Rousseau, la représentation du pouvoir constituant est une notion contradictoire[1]. C'est la *présence* qui fait le sujet constituant. Il lui est impossible de s'absenter, ce que requiert la représentation, sans s'anéantir. Il reste toujours présence, fut-ce « en réserve » :

> Le peuple, la nation reste l'origine de tout événement politique, la source de toutes les énergies qui s'extériorise dans des formes toujours nouvelles, qui produit de son sein des formes et des organisations toujours nouvelles, mais qui ne soumet elle-même jamais son existence politique à une mise en forme définitive.

Cette présence est précisément ce que Schmitt désigne comme peuple lorsqu'il parle du *pouvoir constituant du peuple*. La modalité de cette présence est la décision.

La nation est ce déjà-là de l'existence du peuple comme unité politique. Le peuple est la nation en tant qu'elle se saisit par la décision de sa propre existence. En décidant de son existence, du genre et de la forme de cette existence, le peuple se pose comme sujet du pouvoir constituant. Le peuple en ce second sens est la nation présente à elle-même. Alors, et alors seulement, le peuple et la nation sont une seule et même chose. La troisième partie de la *Théorie de la constitution* («La composante politique de la constitution moderne») est largement consacrée (chapitres XVIII, XIX et XXI) au développement de ce concept du peuple.

On le voit : par cette nouvelle distinction du peuple et de la nation, Schmitt met en perspective et articule aussi bien la dualité de la notion d'existence que celle de la notion de sujet du

---

1. *Du contrat social*, II, I; III, XV; *Théorie de la constitution*, chap. XVIII, p. 382-385. Cette irreprésentabilité fait aussi pour Schmitt la difficulté du pouvoir constituant démocratique (cf. *Les limites de la démocratie*, chap. XXI).

pouvoir constituant que nous avons successivement mises en lumière. Par là se trouve renforcée la conclusion à laquelle nous étions parvenus : *c'est à la décision qu'incombe de prendre en charge la dualité existentielle du pouvoir constituant.* Là où Sieyès disait : « Il suffit que la nation le veuille », il faut lire avec Schmitt : *il faut que la nation le veuille.* La façon dont le peuple décide, autrement dit la modalité existentielle de manifestation de sa volonté déterminera donc en dernier ressort son statut de sujet du pouvoir constituant. Son mode de décision, c'est son genre d'existence. La question sera examinée sous le titre : *exercice du pouvoir constituant.* Schmitt y manifestera ce qu'il en est au fond de sa pensée politique.

### *D'une existence impossible à l'apothéose du volontarisme ?*

Si la théorie du sujet du pouvoir constituant est bien mise en œuvre comme une phénoménologie du sujet constituant, celle-ci pourrait bien être celle d'une impossibilité d'existence. L'acte de naissance révolutionnaire que Schmitt vient de présenter est délivré comme celui d'un être mort-né. Les figures ensuite envisagées (restauration, fascisme, révolution soviétique) semblent relever de la tératologie.

En même temps que la Révolution française est l'affirmation au grand jour du principe du pouvoir constituant – et ce de façon assez décisive pour marquer de son empreinte indélébile toute l'ère historique qui la suit jusqu'à nous et former la « composante politique » de toute constitution moderne –, elle marque d'emblée son occultation. Il ne s'agit pas là seulement de l'inconséquence théorique de son premier théoricien, Sieyès, qui

> a associé la théorie démocratique du pouvoir constituant du peuple (qui se dressait contre la monarchie absolue en place) et la théorie antidémocratique de la *représentation* (Repräsentation) de la volonté populaire par l'Assemblée nationale constituante.

Il ne s'agit pas non plus de l'immaturité des conditions historiques qui ne permettent pas que soit mise à l'ordre du jour l'effectivité démocratique du principe constituant : « en 1879, il ne s'agissait pas de produire une démocratie, mais une constitution libérale d'État de droit bourgeois ». On chercherait en vain chez Schmitt une épopée du pouvoir constituant et de sa montée en puissance, fut-ce au prix de drames et de revers cuisants. Une telle perspective peut par contre être reconnue chez Antonio Negri qui, sur des bases conceptuelles *volens nolens* très dépendantes de Schmitt, a tenté de refaire une autre histoire du pouvoir constituant[1]. Rien de tel chez Schmitt. L'histoire du grand dix-neuvième siècle, à ses yeux, est celle de l'encadrement et de la résorption du pouvoir constituant dans le pouvoir constitué, de la décision dans la représentation et la délibération parlementaire. Il en est ainsi parce qu'aucune constitution, en tant qu'elle est formation d'un ordre réglé, ne peut se passer de représentation[2]. Mais aussi – c'est le plus important ici, nous le verrons – en raison des modalités de la décision auxquelles est nécessairement astreint le peuple comme sujet du pouvoir constituant. En même temps qu'elle l'exprime au plus au point, la démocratie est incapable de réaliser le pouvoir constituant. Aussi bien n'est-ce pas sous la forme de la démocratie que le pouvoir constituant s'est manifesté à l'époque contemporaine mais sous des formes que l'on pourra qualifier de paradoxales ou de monstrueuses.

---

1. A. Negri (cf. *L'anomalie sauvage* et *Le pouvoir constituant, op. cit.*) a repris l'ensemble du dossier historique traité par Schmitt pour montrer qu'une autre lecture en était possible (c'est particulièrement le cas de la révolution américaine). Un net infléchissement est perceptible dans ses œuvres ultérieures, marquées par un effort pour se défaire d'un historicisme hérité d'une certaine tradition marxiste, en s'appuyant notamment sur la catégorie de biopolitique emprunté à Deleuze et Foucault. Mais cela l'a conduit à plus encore se rapprocher de la conception schmittienne du pouvoir constituant comme pure puissance d'autoaffirmation, entraînant sa référence explicite privilégiée à Spinoza dans une lecture implicitement de plus en plus existentialiste. Y gagnant une indiscutable pertinence pour rendre compte de bien des mouvements de la société contemporaine, il y a perdu de celle que sa radicalité conférait à ses analyses de théorie politique.

2. Chap. XVI, p. 342-345. Sur ce point Schmitt développe une argumentation extrêmement classique. La « composante libérale » est une composante nécessaire de toute constitution moderne, qui est par conséquent par nature instable.

La première évoquée par Schmitt est rattachée à la période de la Restauration en France (1815-1830). L'importance qu'il lui accorde s'explique doublement. La première raison est explicite et manifeste l'irréversibilité de l'affirmation du principe du pouvoir constituant. La Restauration est une fiction historique, comme son nom l'indique, celle du retour à un état antérieur de l'ordre social et politique. En prétendant restituer au roi le pouvoir constituant (il s'exprime comme celui d'« octroyer une charte », autrement dit de former une constitution) on invente en fait un principe politique nouveau : la monarchie d'ancien régime ne reposait pas sur le pouvoir constituant mais sur l'ordre traditionnel de la dynastie. Le caractère fictif de cette représentation est en fait la reconnaissance de ce que, désormais, ce n'est que l'exercice par un sujet déterminé du pouvoir constituant qui peut former une constitution. L'ordre politique procède nécessairement d'une décision humaine (non plus de la décision divine, de l'ordre naturel ou traditionnel des choses). Bien qu'il ne les nomme pas ici, c'est aux théories des contre-révolutionnaires (De Maistre, Bonald, Donoso Cortès), auxquels il avait consacré le dernier chapitre de la première *Théologie politique*, que Schmitt pense. À leur sujet il avait affirmé : « Ils portent si haut le moment de la décision qu'il finit par dissiper l'idée de légitimité dont ils sont partis »[1]. La Restauration dans l'ordre pratique, les contre-révolutionnaires dans l'ordre théorique sont bel et bien un moment décisif de la phénoménologie du pouvoir constituant. Mais un second trait plus implicite caractérise ce moment que la *Théologie politique* explicitait par le recours à la notion de *dictature.* Pour un révolutionnaire comme Cortès, il faut le constater : « Il n'y a plus de royalisme parce qu'il n'y a plus de rois. Et pour cette raison, il n'y a pas d'avantage de légitimité au sens traditionnel. Aussi ne reste-t-il pour lui qu'un résultat : la dictature »[2]. Ce terme ne désigne pas alors une forme de gouvernement, mais une forme du pouvoir constituant : la dictature c'est le fait de se poser, par un pur acte de décision, comme sujet

1. *Théologie politique*, *op. cit.*, p. 74.
2. *Ibid.*

du pouvoir constituant. Ici le sujet du pouvoir constituant tient son existence de ce seul fait : « *être en mesure de prendre la décision globale concrète sur le genre et la forme de l'existence politique propre*, autrement dit déterminer l'existence de l'unité politique dans son ensemble ».

On comprend mieux dès lors pourquoi de la restauration monarchique de 1815, on passe sans transition à la révolution bolchévique de 1917 et à la Marche sur Rome. La question que pose très clairement Schmitt est la suivante : à quoi avons-nous affaire ? À une manifestation du principe du pouvoir constituant, à coup sûr. Mais avec quel sujet du pouvoir constituant ? Le peuple de la révolution française ou le sujet autoproclamé de la dictature contre-révolutionnaire ? L'absence, volontaire, de distinction entre la révolution russe et le fascisme italien affaiblit le propos. Il n'empêche : cette question, en 1928, était bien la question décisive. Et Schmitt constate que la réponse à cette question est encore indécise. La dictature dans les deux cas n'est pas appréhendée comme dictature personnelle (ni Mussolini, ni Lénine ou Staline n'entrent en ligne de compte ici), mais comme celle de groupes auto-constitués en sujets de la décision politique (le fascio, les conseils – Räte ou Soviets). Pour cette raison, la qualification courante de « dictature d'une minorité » n'est pas adéquate : ce n'est pas le nombre qui compte mais l'auto-proclamation du sujet du pouvoir constituant.

Si la phénoménologie du pouvoir constituant est donc incertaine, c'est d'abord dans ce premier sens : est-ce dans la dictature ou dans la démocratie qu'il faut voir son avenir ? Il est impossible d'en décider. Mais, au fond des choses, cette incertitude est plus fondamentale et n'attend pas sa réponse d'un jugement de l'histoire. Des deux types de *candidat sujet* du pouvoir constituant qui se proposent, l'un paraît destructeur de tout droit (Schmitt n'a pas plus de sympathie pour les fascistes que pour les communistes, et ce n'est pas peu dire), l'autre par sa nature est condamné à l'ineffectivité ou la dilution. L'un est un monstre, l'autre semble mort-né. C'est donc très logiquement à l'examen des conditions de possibilité d'une telle effectivité du pouvoir constituant du peuple qu'il va consacrer son analyse. On constatera à quel point celle-ci est contrainte par les présupposés qu'il s'est donnés. On verra peut-être aussi comment, mis devant l'impasse dans laquelle il s'est lui-même enfermé, le nazisme a pu présenter à Schmitt l'illusion d'une issue.

VOULOIR OU CONSENTIR :<br>
L'INDÉCISION DE SCHMITT

L'organisation du chapitre de la *Théorie de la constitution* que nous commentons et les titres donnés par Schmitt (il examine successivement le concept du pouvoir constituant, son sujet et son exercice) peut masquer ce qui s'y joue. On pourrait croire à une déduction, l'exercice du pouvoir constituant devenant alors une affaire technique. Or c'est plutôt à une remontée à la question décisive que Schmitt se livre.

Nous avons mis d'abord en évidence ce que nous avons appelé l'*indéfinition* du pouvoir constituant. Cette idée désignait, dans la pensée de Schmitt, l'impossible clôture sur lui-même de l'ordre institué et l'ouverture de la volonté à sa propre décision. En un sens critique, nous y avons vu aussi la dualité qui marque la notion d'existence du sujet du pouvoir constituant, comme celle de sa volonté. La phénoménologie du pouvoir constituant que nous avons cru pouvoir reconnaître sous le second titre, nous est apparue marquée d'une profonde *incertitude* : si le *pouvoir constituant du peuple*, comme sujet de son auto-institution, apparaît « l'héritier naturel » du pouvoir divin constituant, un doute profond subsiste quand à sa capacité à « *prendre la décision globale concrète sur le genre et la forme de l'existence politique propre* ».

Comment le peuple peut-il exister comme sujet du pouvoir constituant ? Comment un peuple peut-il prendre une décision ? Ces deux questions – elles reconduisent l'une à l'autre – apparaissent ainsi comme les questions essentielles concernant le pouvoir constituant. Elles sont restées en suspens jusqu'ici. Schmitt va tenter d'y répondre. Parce que, dans le cadre conceptuel qu'il s'est donné, la volonté du peuple ne peut s'exprimer que comme consentement, sa réponse, nous le verrons, reste foncièrement marquée d'*indécision*.

## Une double contrainte

Former une constitution, c'est prendre une décision « sur son existence et le genre de cette existence », c'est aussi donner une forme à cette décision par la loi constitutionnelle et les décisions législationnelles qui en découlent, « se réglementer ». Cette double contrainte s'impose à tout pouvoir constituant.

Schmitt commence par rappeler la première : « Il ne peut exister de méthode réglementée à laquelle l'exercice du pouvoir constituant serait tenu ». Cette affirmation liminaire ne fait que rappeler la primauté fondatrice de la décision, sans laquelle il n'y a pas de pouvoir constituant mais des pouvoirs toujours déjà constitués. Il ne peut tout simplement pas y avoir de constitution sans pouvoir constituant, c'est-à-dire sans décision. La mise en parallèle de cette première thèse avec l'évocation de la monarchie absolue peut surprendre à ce stade de l'analyse. Elle a pour fonction, en montrant ce qui rend la monarchie apte à l'autoréglementation, de montrer *a contrario* combien peu le pouvoir constituant du peuple y est prêt. La monarchie est *déjà* une institution existante. Sa capacité d'institution tient à ce qu'elle *est* une institution. Mais, en toute rigueur, elle n'*est* pas pouvoir constituant ; ce pour quoi les catégories dans laquelle elle se pense ne sont pas politiques (elles ne relèvent pas de la décision politique) mais du droit familial ou plutôt patrimonial. Aussi bien, lorsque la monarchie se veut pouvoir constituant, elle se mue en dictature (on l'a vu avec la Restauration et les théoriciens contre-révolutionnaires).

À l'égard de cette double contrainte, la démocratie est dans une situation strictement inversée. Le peuple comme candidat sujet du pouvoir constituant satisfait dans sa plénitude la première exigence : il n'est « tenu » par rien, obligé par rien. Son existence n'est pas préposition mais autoposition. En tant que source de toute décision (son pouvoir de décision ne repose ni sur des normes ni sur une existence préposées), il « n'est pas une instance formée, dotée de compétences délimitées et exécutant les affaires publiques selon une procédure réglementée », « il est au dessus de toute institutionnalisation et de toute normation ». Mais, précisément, pour qu'il conserve ce caractère, il faut qu'il reste *au-dessus* de toute institutionnalisation et de toute réglementation. Or, c'est la seconde exigence, la décision ne devient effective qu'en prenant forme, le pouvoir constituant ne détermine le genre d'existence de l'unité politique qu'à travers l'ordre legislationnel qu'elle institue. Ce qui exige l'établissement de règles, la détermination de compétences. Organiser et réglementer l'expression de la volonté du peuple serait tout simplement lui faire perdre sa qualité de sujet constituant : « Il perdrait sa nature de peuple s'il s'institutionnalisait pour un fonctionnement quotidien et normal et pour l'exécution régulière des affaires publiques ».

Trois conséquences découlent de ces prémisses, clairement assumées par Schmitt, même si à cet égard il avance en grande partie masqué. La première est que l'expression de la volonté du peuple comme sujet constituant doit avoir un caractère direct, immédiat. La présence fait le sujet constituant, il est irreprésentable[1]. La seconde est qu'à proprement parler, *il n'y a pas et ne peut y avoir de constitution démocratique*. Cette idée sous-tend les chapitres de la troisième partie consacrés à la démocratie : dans la mesure où une constitution tend à faire rentrer le peuple *dans* la constitution, elle absorbe et détruit son pouvoir constituant comme se tenant nécessairement « *avant* et *au-dessus* d'elle »[2]. Ce n'est donc pas le degré d'intégration du peuple à l'exercice des pouvoirs institués qui est garant de l'effectivité du pouvoir constituant, mais sa capacité à faire valoir la prééminence de sa décision avant, au-dessus et à côté de la constitution :

---

1. C. Schmitt n'exclut pas la représentation du peuple « dans la constitution » ; c'est le pouvoir constituant du peuple « au-dessus d'elle » qui est irreprésentable (chap. XVIII).

2. *Ibid.*, p. 377.

> Tant qu'un peuple a la volonté d'exister politiquement, il est au-
> dessus de toute institutionnalisation et de toute normation... Tant
> qu'il existe simplement et veut continuer à exister, sa force vitale
> et son énergie sont inépuisables et toujours capables de trouver de
> nouvelles formes d'existence politique.

Se trouve ainsi dégagée la troisième conséquence que l'on doit
tirer de la nature du peuple comme sujet du pouvoir constituant : 
ce n'est pas dans l'ordre institué qui en procède mais dans la
« décision globale » et elle seule que se manifeste le peuple
comme sujet du pouvoir constituant. Si cette existence ne peut
pas trouver son expression à l'intérieur des procédures instituées
comment le pourra-t-elle en dehors d'elles ?

### Oui et non, non et oui : sous la décision le consentement

Comment le peuple comme sujet du pouvoir constituant
peut-il exprimer une volonté globale, de façon directe, portant
décision sur l'existence de l'unité politique ? Pour aborder la
question qu'il a lui-même formée, Schmitt est manifestement
dans l'embarras. Montrer comment celui-ci se traduit et la façon
dont il s'en tire est éclairant.

La logique d'ensemble de sa démarche devrait le faire se
tourner vers l'acte constituant lui-même. On attendrait quelque
chose comme un analogue des chapitres dans lesquels Rousseau
forme la notion du contrat social[1]. N'est-ce pas en effet, selon les
termes mêmes de Schmitt, la décision positive prise sur le genre
et la forme de l'unité politique qui devrait manifester au plus haut
degré le pouvoir de décision du peuple comme sujet constituant ?
Il commence au contraire par une affirmation de principe qui
distribue l'exercice du pouvoir constituant sur toutes les manifestations de la volonté du peuple : « Le peuple exerce son
pouvoir constituant par n'importe quelle expression discernable
de sa volonté globale directe qui porte sur une décision sur le
genre et la forme de l'existence de l'unité politique ». De plus,

---

1. *Du Contrat social*, I, v et vi.

souligner la nécessité que cette expression soit « discernable »
suggère qu'il y a là difficulté ; et c'est bien le cas.

En effet, lorsqu'il revient un peu plus loin sur cette *expression*, est-ce dans des termes pour le moins restrictifs :

> Même si [le peuple] n'a une volonté décidée et exprimée claire-
> ment que dans des cas peu nombreux et décisifs, il est néanmoins
> capable d'une telle volonté, et en mesure de répondre oui ou non
> aux questions fondamentales de son existence politique.

L'extension de principe (« n'importe quelle expression ») se
réduit dans les faits à la rareté. Surtout, là où l'on attendait
l'expression de la puissance affirmative du pouvoir constituant,
et où était annoncée une « capacité de décision et d'action
politique », on trouve la réponse par oui ou par non, c'est-à-dire
une force réactive.

Aussi bien n'est-ce pas dans sa puissance d'affirmation, ni
même en ce qu'il est « en mesure de répondre oui », mais dans sa
force de refus que Schmitt finit par discerner la véritable expression du peuple comme sujet constituant :

> En période critique, seul le non qui se dresse *contre* une consti-
> tution en place peut être clair et décidé en tant que négation, tandis
> que la volonté positive n'est pas aussi assurée. Pourtant, le plus
> souvent ce non implique directement l'affirmation d'une autre
> forme d'existence (politique) qui se présente aussitôt, contraire à
> la précédente.

Ici le sujet du pouvoir constituant trouve le mode de son exercice,
c'est-à-dire son existence ; et Schmitt, pour ses concepts, l'accès
à leur objet (l'Allemagne de 1918 est un exemple parmi bien
d'autres possibles).

À partir de cette séquence, on peut voir clairement ce que
Schmitt semble avoir une certaine réticence à formuler sans
détour : la décision que le peuple prend sur le genre et la forme de
son existence s'exprime d'abord par le refus ou le rejet de la
forme d'existence « en place ». Dire que le peuple est en mesure
de « répondre par oui ou par non aux questions fondamentales de
son existence politique » est une timidité : *c'est dans le non qu'il*

*est capable de formuler que le peuple se pose en sujet du pouvoir constituant.* C'est le non qui est la manifestation la plus directe et la plus claire de sa volonté. Cela est si vrai que son oui n'est pas une affirmation mais une absence de non. Schmitt peut bien dire cela de façon contournée :

> Dans les temps de calme et de paix, des prises de position de ce genre sont rares et non nécessaires. Dans ce cas, l'absence d'expression discernable signifie justement la continuation de l'adhésion à la constitution en place.

La chose est claire : une adhésion qui s'exprime par l'absence de révolte, ou plus simplement le silence, cela s'appelle consentement. *L'expression active de la volonté du peuple comme sujet constituant, c'est le refus; son expression passive est le consentement.*

On comprend mieux ainsi, dans l'ensemble de l'œuvre de Schmitt, le privilège accordé à l'exception. Décider de l'exception consiste précisément à mettre à nu, sous l'ordre institué, le pouvoir de décision dont il émane. Le pouvoir de décider est d'abord celui de mettre fin à un ordre régulier des choses, et c'est toujours une telle fin qui marque un commencement. L'acte instituant n'est que l'ombre portée de ce moment de la négation, il est son affirmation dans la durée et par là sa transformation en affirmation. Le pouvoir constituant du peuple, par la double caractéristique qui est la sienne (radicalité de son autonomie, impossibilité de se couler sans se nier dans la forme d'une institution), entretient une relation privilégiée avec l'exception, au double sens de situation exceptionnelle et de décision sur l'exception.

Il faut aller encore plus loin dans cette direction : non seulement l'expression déclarée d'un refus est réservée à « des cas peu nombreux et décisifs », tandis que le « qui ne dit mot consent » est le régime ordinaire, mais le privilège du consentement sur la volonté est constitutif de toute expression du peuple en tant que sujet du pouvoir constituant. *C'est parce que l'exception est le mode d'être permanent du peuple comme sujet du pouvoir constituant que le consentement est la forme nécessaire de sa décision.*

On doit aborder cette question à partir du plus fondamental : l'irréductibilité du pouvoir de décision aux décisions prises. Le pouvoir constituant ne s'épuise pas dans les décisions qu'il prend, il est par définition permanent : « Il continue toujours à exister virtuellement, coexiste et reste supérieur à toute constitution qui procède de lui et à toute disposition des lois constitutionnelles valide au sein de cette constitution »[1]. S'il en était autrement, la souveraineté serait aliénée, le pouvoir constituant absorbé dans le pouvoir constitué. La *virtualité* dont il est question ici, c'est l'exception qui l'active. Le pouvoir constituant est cette permanente disponibilité à l'exception. Or l'expression la plus fondamentale de cette supériorité ne peut être que le refus, le *non* par lequel, rejetant un ordre constitué, le sujet constituant se ressaisit de la plénitude de la décision. C'est évidemment la période de crise, la période révolutionnaire, qui voit se manifester de la façon la plus claire cette irréductibilité du pouvoir constituant. Mais, d'une certaine façon, la signification de l'exception se renverse alors : elle montre que, sous la décision du peuple, c'est son consentement qu'il faut reconnaître. La thématique de l'acclamation est à cet égard plus éclairante encore : elle montre rigoureusement l'inverse de ce qu'elle annonce.

En réactivant la notion d'acclamation, une vieille lune dans le vocabulaire de la politique, Schmitt trahit, volontairement, le cœur de sa pensée. L'acclamation a d'abord été le mode de désignation des empereurs romains : elle était le fait des légions assemblées qui, en acclamant leur chef, reconnaissaient son *imperium*. Dans l'histoire institutionnelle de Rome elle manifeste que le pouvoir militaire prend la place du pouvoir politique et que le mode de décision militaire, le commandement, prend celle du mode civil de décision, la loi. Et ce que requiert le commandement, nous le savons, c'est le consentement. Dire : « La forme naturelle de la manifestation directe de la volonté

---

1. Chap. x, p. 227.

d'un peuple est le cri d'approbation ou de refus de la foule rassemblée, l'*acclamation*», revient à dire que la volonté d'un peuple est dans son fond consentement[1].

On pourrait, bien sûr, voir dans cette rémanence de l'a.cclamation un écho concret à une réalité historique très circonscrite : les actualités cinématographiques des années qui entourent la publication de la *Théorie de la constitution* sont emplies de ces images de grandes parades (à Nuremberg, Rome et même Moscou), où les voix et les gestes, les costumes même, réinventent et réinvestissent les rites impériaux de l'acclamation. Mais, dans la pensée de Schmitt, c'est une notion beaucoup plus fondamentale et moins théâtrale qui est visée : l'opinion. Il faut le prendre en compte si on ne veut pas qu'une image repoussoir nous empêche de voir la portée critique d'une idée : elle pourrait bien révéler comme beaucoup plus schmittiennes qu'on ne croit certaines représentations qui appartiennent non à l'ordre de la dictature mais à celui de nos « démocraties » contemporaines.

« *L'opinion publique est la forme moderne de l'acclamation* »[2]. Cette proposition a une portée considérable. Elle implique pour commencer que l'opinion publique est le mode d'existence du peuple comme sujet constituant. Inorganisée et inorganisable par principe, elle est ce par quoi, avant, au-dessus et à côté de l'ordre constitué, le peuple garde par-devers soi la permanence du pouvoir de décision. C'est de l'opinion que procèdent les actes fondamentaux d'autorisation, les procédures de représentation, les manifestations ultimes et critiques du refus ou silencieuses et quotidiennes de l'acceptation. Au-delà de l'opposition manifeste entre les formes violentes et inorganiques (manifestations, révoltes, rassemblements fusionnels) ou paci-

---

1. L'autre de Schmitt, c'est Rousseau. Cette conviction a pu transparaître dans ces pages. On l'explicitera ici par l'opposition de la délibération à l'acclamation. Cf. *Du Contrat social*, IV, II : « [...] quand les Citoyens tombés dans la servitude n'ont plus ni liberté ni volonté. Alors la crainte et la flatterie changent en acclamations les suffrages ; on ne délibère plus, on adore ou l'on maudit ». À ce sujet, voir B. Bernardi, « Souveraineté, citoyenneté, délibération : d'une tension constitutive de la pensée de Rousseau », art. cit.

2. Le chapitre XVIII, p. 385 *sq.*, consacre un long développement à cette thèse.

fiques et organisées (référendum, plébiscite), ou encore informa-
tionnelles (sondages, enquêtes d'opinion) qu'elle peut revêtir (et
ces différences sont, sous d'autres points de vue, essentielles),
l'opinion garde ce caractère fondamental : sous la modalité du
refus ou de l'acceptation, du dissensus ou du consensus, elle est
expression d'un consentement.

La lecture que nous avons proposée de Schmitt (c'est le
moment d'en rassembler les éléments) nous permet de discerner
où trouve sa source ce renversement paradoxal du pouvoir
constituant, d'abord défini comme puissance d'autoinstitution,
en expression d'acceptation ou de refus, en consentement.
Définir en effet la décision comme pouvoir de commander (telle
nous est bien apparue sa présupposition), c'est inévitablement
faire du consentement l'élément de son effectivité. Schmitt
retrouve ce qu'il a mis au départ. Mais il faut tirer une autre leçon
de cette circularité : penser l'expression de la volonté du peuple
comme consentement, c'est inévitablement renvoyer à une
conception du pouvoir politique comme pouvoir de commander
et de se faire obéir. Un décisionnisme doux, ou libéral, reste un
décisionnisme. Bien des adversaires déclarés de Schmitt sont des
schmittiens qui s'ignorent.

### La nasse

Nous nous étions fixé pour tâche, par la lecture attentive de
ce chapitre de la *Théorie de la constitution*, de prendre la mesure
de la pensée de Schmitt : prendre au sérieux sa démarche pour
asseoir son évaluation critique. Y sommes-nous parvenus ? Ce
n'est pas à nous de le dire. Mais il est possible, pour clore ce
commentaire, de restituer à grands traits la logique qui conduit au
résultat que nous venons de caractériser.

Une vision historique forte trame la pensée de Schmitt. Le
pouvoir constituant est d'abord la catégorie sous laquelle il pense
le principe même de l'autoinstitution humaine de la société. Là
où, immédiatement par la loi divine ou médiatement par une
ordre naturel des choses, le pouvoir divin constituant ne fixe plus
l'ordre normatif dans lequel s'inscrit la volonté humaine, c'est

cette volonté même qui hérite de la charge de poser des normes. Là où l'effectivité d'un ordre institué n'est plus à même de se présenter comme légitime, c'est de la «libre décision» que dépend toute institution. Là où l'être-donné ne définit plus l'existence, l'existence est autoposition, décision. Ce constat, à vrai dire, sur le mode de la proclamation héroïque ou de la déploration dramatique, court la pensée moderne depuis les Lumières. Le propre de Schmitt est d'appréhender comme inconséquentes et vaines toutes les tentatives pour l'atténuer.

À cette perspective historique correspond une analyse politique tout aussi aiguë : le statut du peuple comme sujet de pouvoir constituant en est l'objet. Ce que nous avons appelé la *phénoménologie incertaine* du pouvoir constituant le rend manifeste : d'un côté le peuple est le seul sujet qui puisse assumer le pouvoir constituant en tant que pouvoir de décision sur sa propre existence, d'un autre il est empêché de le faire. Parce que tout encadrement dans un ordre institué emporte sa propre négation, parce que la seule modalité sous laquelle il puisse se manifester est la forme négative du refus ou la forme passive du consentement. Cet empêchement du peuple à exister comme sujet se matérialise d'un côté dans son enlisement, lorsque les pouvoirs constitués se substituent à lui, de l'autre, par la dictature, lorsqu'une pure force s'autoproclame sujet de la décision politique. Ces deux figures manquent l'une la dimension de la décision, l'autre celle de la normation.

Se trouve ainsi configuré ce qui pourrait se caractériser dans une perspective historique comme l'état de crise permanent constitutif de la modernité, sur le plan politique comme la difficulté essentielle du peuple à se constituer en sujet du pouvoir constituant.

La pensée de Schmitt est avant tout le constat de cet empêchement radical qui est celui de la modernité. On peut sans doute entrevoir comment le nazisme, par l'appel à la volonté du peuple comme volonté d'exister et d'exister comme pouvoir de décision, par la possibilité qu'il ouvre de faire d'un refus radical de l'ordre institué du monde l'expression de cette volonté, par l'aptitude qui a été la sienne de donner au consentement le plus complet l'apparence du vouloir le plus plein, par le réinvestissement de l'acclamation comme force de cohésion et de célébration de l'unité, ait pu constituer à ses yeux la terrible illusion d'une réponse aux questions qu'il se posait. Il y fallut sans doute aussi beaucoup d'aveuglement et plus encore : le mépris du parlementarisme, la haine du communisme, l'antisémitisme. Mais notre but n'était pas vraiment de reconstruire le mécanisme d'une illusion théorique et d'un errement politique.

Importe beaucoup plus sans doute de comprendre ce qui, dans les bases mêmes de la pensée de Schmitt transforme ce que l'on pourrait appeler les contradictions fondatrices de la modernité en une impasse historique, politique et théorique. Il semble, pour s'en tenir à l'ordre des concepts de la politique qu'envisageait cet ouvrage, que deux présuppositions liées en miroir jouent un rôle essentiel. La première porte sur le concept même de décision : penser la décision comme pouvoir inconditionné de poser des normes c'est refuser de voir, dans l'autonomie que manifeste la décision, un principe qui la norme de l'intérieur. La seconde porte sur la notion même du pouvoir constituant : penser le pouvoir politique comme pouvoir de commander c'est inévitablement ramener la volonté au consentement. Toute décision politique s'adresse à des volontés et par là présuppose leur autonomie.

C'est à partir de ce point que l'on peut éviter la nasse dans laquelle Schmitt s'est lui-même enfermé. Le principe du pouvoir constituant n'est pas le désert normatif qu'y voit Schmitt, il est l'espace ouvert de l'autonomie des individus et de leur autonomie commune qui se présupposent l'une l'autre. Au lieu de l'acclamation, la délibération sera l'horizon de son exercice.

# TABLE DES MATIÈRES

### Texte et commentaire

Imprimerie de la Manutention à Mayenne – Septembre 2003 – N° 273-03
Dépôt légal : 3e trimestre 2003
*Imprimé en France*